本の索引の作り方

藤田節子 ◆ 著

BOOK
INDEXING

地人書館

はじめに

　本の読者は、ある本を通読したあとや読んでいる途中でも、その中の特定の部分や文章などを探したいときがあります。とりあえず目次を探してみたりしますが、見つからないこともよくあります。それは、目次というのは、読者に本の骨子や全体構成を示すもので、本の特定の部分や文章を探すためのものではないからです。そこで読者は、しかたなく、ぱらぱらと本を初めからめくったりして探そうとします。けれども、これには結構な時間がかかり、いらいらした経験を持つ読者も多いことでしょう。

　このような場合に、本の中身や内容を迅速に探すための道具が、本の最後についている索引です。索引は、既読者だけでなく、これからその本を読むかどうかを判断したり、通読はしないけれども、ある事柄について調べたり引用したい読者にも便利です。

　小説のようなフィクションの本は別にして、学術書や教科書、実用書、マニュアルなどに索引をつけるというのは、著者や編集者にとって常識だと思います。

　ところが、わが国では、索引のついていない本が多いのが実情です。たとえ、索引がついていたとしても、見出し語が少ない申し訳程度の貧弱なものや、一つの見出し語の下に多くの頁が羅列されているなど、不十分で使いにくい索引をよく見かけます。原書にはりっぱな索引があるのに、翻訳書では省略されていることもあってがっかりします。

　本の内容自体はすばらしいのに、なぜ索引がないのか、あってもなぜつけ足しのような索引しか作れないのかと、私は常に残念に思ってきました。良い索

はじめに

引さえついていれば、読みやすく、必要な部分を必要なときにすぐに探し出せるはずです。

　良い索引をつけることは、その本の価値を高め、ひいては売れる本になります。また、著者が索引を作ることを考えて、本の構成や用語の統制をしながら執筆すると、結果的にその本は内容の整理された読者にわかりやすい良い本になりますし、そういう本は良い索引が容易に作れます。

　以前私は、編集者に対して、索引についてアンケート調査をしたことがあります[1]。「索引は必要不可欠である」「索引作りは編集者の醍醐味である」などの意見の一方で、「索引の精度を高めたいが、方法がわからない」「作成が面倒なわりに、使われているかどうかわからない」「索引の充実は課題だが、十分には取り組めていない」「校了間際でいつもドタバタする」「見出し項目の選択に悩む」などの率直な意見も多くありました。

　分野や出版社によって事情は異なると思いますが、多くの著者や編集者は、索引は必要だと思っているし、良い索引を作りたいと考えている一方で、現実にはどうしていいかわからなかったり、時間的制約の中で常に悩んだり迷ったりしながら作成しているのだと思います。

　だいぶ前のことになりますが、私が新書を出版したとき、自分で巻末索引をつけました。

　すでに索引の完全原稿も渡し、最終校正を終えて、編集者と喫茶店で最後の打ち合わせをしていたときです。雑談の中で、「ところで、どうやって索引を作るのですか？」と聞かれました。私は、編集者は索引作成について専門家だと思っていたので、たいへん驚きました。

　新書は、手軽に短時間で専門的な知識を得ることができる、たいへん有益な本の形態ですが、索引がついているものは少ないのが現状です。たぶん、その編集者は、これまで索引のついた新書を編集した経験や、索引に関する教育を受けたことがなかったのだと思います。無理からぬ話だと思いました。

　振り返ると、私自身も、本の索引の作り方を誰かに教えてもらったことも、参考書を読んだこともありません。たまたま、私は図書館情報学を学び、分類や書誌作成、データベース構築を行ない、利用者への情報検索技術教育を仕事

4

にしてきたので、それらの経験をもとに、自分で索引を作成してきたにすぎません。

そのときの驚きは私の心の中にいつまでもあって、いつか索引の作り方の本を書かなければならないと思ってきました。

また、3年前、料理本の索引の調査をしました[2]。そこで、私は、考えられない索引に遭遇しました。料理本なので、索引は料理の材料を見出し語にして、そのもとに料理名が配列されています。材料の見出し語は五十音順なのですが、その料理名の配列が頁順なのです（図A参照）。このような頁順配列の本が全体の4割もありました。

```
野菜
■さやいんげん
    鶏のクリームシチュー　62
    さやいんげんのバターソテー　75
■じゃがいも
    ミートコロッケ　20
    ポテトコロッケ　22
    シーフードシチュー　62
    帆立のコキール　64
    マッシュポテト　70
    ポテトフライ　72
    ベイクドポテト　73
    ポテトサラダ　76
    ビシソゾワーズ　90
    ポテトグラタン　92
```

図A　頁順配列の索引例

索引は、見出し語から探すものですから、通常配列は、見出し語の五十音順に並べます。これは、索引の基本的な原則です。調査対象にした料理本は、料理本の賞を取ったものだったので、審査の評価対象として、索引が重視されていないことも、世の中の索引に対する認識を表わしているように思えました。

学術書であっても、見出し語の下に多くの掲載頁が羅列されている例は、今も多く見られます（図B参照）。索引は、目的の情報に迅速にアクセスするための道具ですから、これでは探すのに時間がかかり、読者は困惑させられてしまいます。

5

はじめに

```
コミュニケーション  3, 8, 19, 34-35, 53,
        73, 79-88, 84, 88, 129, 141-144, 155,
        157, 158, 160, 211, 215-218, 256, 260,
        269-278, 313, 374
```

図B　頁が羅列された索引例

　最近は、電子書籍などのデジタル化された文章では、コンピュータで簡単に
文章中の言葉を探すことができるようになりました。索引を作る場合も、索引
の見出し語さえ指定しておけば、簡単に該当の語を探し出し、頁をつけてくれ
ます。それらに多少手を入れれば、何とか索引としての体裁はつくろえます。

　しかし、それでは本当の意味の索引とは言えません。たとえば、読者が索引
で、「本の歴史」についての記述を探そうとしたら、「本」でなく「図書」「書
籍」の語で探す人もいるでしょう。また、文章中の表現として「本」「歴史」
という語がなくても、文脈をたどれば「本の歴史」のことを言っていることが
明らかな場合もあります。コンピュータは、「本の歴史」について書かれてい
るけれども、「本」「歴史」という語のない文章を探してはくれません。

　また、1冊の本の中で、著者はいろいろな観点から、表現を変え、一つのト
ピックを説明したり、主張します。それらを関連づけながら読み取ることに
よって、初めて著者の考えを理解することができます。索引は、本の中でばら
ばらに述べられている部分を、一つの見出し語のもとにまとめる役割もありま
す。

　残念ながら、わが国には、本の巻末索引の機能や構造、作成法を記した本は
まだ少ないようです。そこで、私の多少の経験をもとに、永年温めていた索引
作成の本をまとめることにしました。

　索引の機能や構造などは、索引作成の歴史の中で、一般的基準といえるよう
なものが構築されています。しかし、索引作成は、マニュアル通りにやればで
きるというものではありません。索引作成法は、文章作法と同様に人によって
異なります。索引は、一つの創作物であり、10人の索引作成者がいたら10通
りの索引が生まれます。

はじめに

　したがって、本書で記述されたように作成すれば、良い索引になるというわけではなく、この一定の国際的な慣習を踏まえた上で、索引をする本の内容と潜在的読者に照らして、それぞれの本に適切であると考える索引を熟考、工夫し、さらに索引作成の経験を積むことが必要だと考えます。

　フィクションを除く、教養書、実用書、教科書、学術書、マニュアルなどの本には、使いやすい適切な索引を付与するということを、著者や出版社、編集者に理解してほしいと思いますし、また、読者にも、索引を使うと本が何倍も利用しやすくなることを、もっと知ってほしいと思います。

　わが国では、索引は、著者が索引の見出し語を選び、出版社の編集者がこれを索引として編集していくという方法で作成されるのが一般的のようですが、海外では、索引作成の専門家が存在し、索引を作成しています。私は、索引作成の経験から、本の巻末索引においても、索引作成専門家が育成されるとよいと考えています。

　本書が、著者や出版社、編集者、索引作成専門家、および読者の索引作成に対する多少の参考になれば幸いです。そして今後、論文の書き方のように、さまざまな索引作成の参考書が出版されることを望んでいます。

本書の利用対象と目的

　本書は、著者や編者、出版社の編集者、索引作成専門家などが、事典や辞書などのレファレンス資料を除く、日本語の本（学術書、教科書、実用書、マニュアルなど）の索引を作成する際に必要となる実務的な知識と技術を示すことを目的としています。印刷媒体の本だけではなく、電子書籍などの電子媒体の本においても、索引の重要性とその作り方は変わりませんので、どちらにも使用できます。

　また、本の索引に関する知識や技術を学ぶことは、情報探索の基本でもあるので、図書館情報学の学生や一般の読者のための教科書にもなり得ると考えます。

はじめに

本書の構成

第1章で、索引の定義や種類、機能を明確にし、索引は誰のために誰がどのような本に付与するべきかを論じ、その歴史や著作権についても触れます。

第2章では、索引を構成する索引項目（主見出し語、副見出し語、所在指示、参照）と凡例について、標準的な形を示します。

第3章は、見出し語と所在指示の配列の方法について述べます。

第4章は、読者にとって、見やすいとされる索引のレイアウトを示しています。

第5章で、第2章から第4章をふまえて、事前確認から索引原稿作成までの索引の作り方と事例を示します。

第6章で、索引の編集と校正の方法を記述し、最後に、チェックリストを載せました。

巻末に、用語解説と使用した主な参考文献をリストするとともに、本書の索引を付しました。

例示の示し方

本書では、理解を進めるために、具体的な例示を多く掲載しました。良い例と悪い例を比較する場合は、良い例には○、悪い例には×を例示の冒頭に示しています。また、［　］の中の文章は、例示の解説を示しています。

謝辞

本書を著わすにあたり、貴重な御意見をいただいた鶴見大学名誉教授原田智子氏、地人書館の永山幸男氏に、心から御礼申し上げます。原田智子氏には、本書の索引作成にも携わっていただきました。また、情報科学技術協会の分類／シソーラス／Indexing 部会（主査：山﨑久道氏）の皆さんをはじめとする、永年の情報専門家諸氏との議論がたいへん参考になりました。ここに深く感謝の意を表します。

最後に、索引の重要さを教えてくださった、図書館情報学の恩師故井出翁先生に心から感謝して本書を捧げます。

著者

引用文献

1) 藤田節子. 図書の索引作成の現状：編集者と著者への調査結果から. 情報の科学と技術. 2018, 68(3), p.135-140.

2) 藤田節子. 料理本の巻末索引の調査分析. 情報の科学と技術. 2017, 67(2), p.82-88.

目　　次

はじめに ━━━━━━━━━━━━━━━━━━━━━━━━━━━━━━━━━━━━ 3

　本書の利用対象と目的　7　　　　　例示の示し方　8

　本書の構成　8　　　　　　　　　　謝辞　8

第１章　索引とは ━━━━━━━━━━━━━━━━━━━━━━━━━━━ 17

　1.　索引とは何か　17

　　1.1　一般的な意味　17

　　1.2　英語の意味　18

　　1.3　索引の定義　19

　2.　閉鎖型索引と開放型索引　20

　　2.1　形態と対象　20

　　2.2　作成のしかた　21

　3.　索引と目次　22

　4.　コンピュータによる検索との違
　　　い　23

　　4.1　情報の漏れ　23

　　4.2　シソーラスと参照　24

　　4.3　ノイズ　25

　　4.4　コンピュータ検索の限界　25

　5.　索引の機能　26

　6.　索引を必要とする本　29

　　6.1　索引の付与率　29

　　6.2　翻訳書の索引　30

　7.　読者はどのように索引を使うか
　　　31

　8.　索引の利用者は誰か　33

　9.　誰が索引を作るか　35

　10.　索引の種類　37

　　（1）　主題索引　37

　　（2）　著者名索引　38

　　（3）　タイトル索引　38

　11.　索引の歴史　38

　　11.1　印刷技術の発達　38

　　11.2　わが国の索引　39

　12.　著作権　40

第２章　索引の構造 ━━━━━━━━━━━━━━━━━━━━━━━━━ 45

　1.　索引項目　45

　　1.1　構成要素と機能　45

　　1.2　索引項目は辞書ではない　46

　　1.3　索引項目の言語　47

　2.　見出し語　47

　　（1）　限定詞　48

目次

  （2）　複合見出し語　49

  （3）　倒置　49

 3.　主見出し語と副見出し語　50

  3.1　見出し語の分割　50

  3.2　同じ単語が含まれた見出し語　51

  3.3　副見出し語と分類　52

  3.4　副見出し語の表記　53

 4.　固有名詞の見出し語　54

  4.1　人名　54

  4.2　地名　56

  4.3　資料名　57

  4.4　同名の人名や地名、組織名　57

  4.5　補足説明　57

 5.　所在指示　58

  5.1　表記　58

  5.2　表記の省略　60

  5.3　配列　61

  5.4　フォントや記号による区別　61

 6.　参照　62

  6.1　種類と表記　62

  6.2　複数の参照先　63

  6.3　「を見よ」参照　64

   （1）　役割　64

  （2）　「を見よ」参照の見出し語　64

  （3）　表記　65

  （4）　「行き止まり参照」と「堂々巡り参照」　65

  （5）　ダブルポスティング　66

  6.4　「をも見よ」参照　68

  （1）　役割　68

  （2）　「をも見よ」参照の見出し語　69

  （3）　主見出し語からの「をも見よ」参照の位置　69

  （4）　副見出し語からの「をも見よ」参照　70

  6.5　包括的参照　70

 7.　凡例　71

  （1）　索引の種類　71

  （2）　索引対象の範囲　72

  （3）　見出し語の選択基準や種類　72

  （4）　配列　72

  （5）　所在指示　72

  （6）　参照　73

  （7）　使用している記号や略語の種類とその意味　73

  （8）　使用しているフォントの種類とその意味　73

第3章　配列　75

1. 見出し語の配列　75
   1.1　配列の種類　75
   1.2　略語・頭字語と数字の読みの問題　76
2. 五十音順配列　77
   2.1　一般的原則　77
   2.2　人名の配列　79
3. アルファベット順配列　80
4. 数字順配列　82
   4.1　数字で始まる見出し語　82
   4.2　数字が含まれる見出し語　82
5. 所在指示の配列　83

第4章　レイアウト　85

1. 概要　85
2. 凡例　86
3. 索引項目のレイアウト　86
   3.1　改行式　87
   3.2　追込み式　87
   3.3　所在指示　88
   3.4　字下げと折り返し　89
   3.5　フォント　92
   3.6　句読点と記号・文字のまとめ　92
   　(1)　コンマ　92
   　(2)　ピリオド　93
   　(3)　コロン　93
   　(4)　セミコロン　94
   　(5)　2倍ダーシ　94
   　(6)　ハイフン　94
   　(7)　中黒　95
   　(8)　丸括弧　95
   　(9)　二重鉤括弧　95
   　(10)　矢印　95
   　(11)　ゴシック体　96
   　(12)　イタリック体　96
   　(13)　アンダーライン　96
   　(14)　図表・写真・注を表わす文字　96
4. 索引項目が段や頁にまたがる場合　97
5. 見出し文字　98

第5章　索引の作り方　101

1. 索引作成のプロセス　101
2. 事前確認　102
   2.1　スケジュール　102
   2.2　索引の様式の確認　103
   　(1)　索引の種類とタイトル　103
   　(2)　索引項目の記述　103
   　(3)　見出し語の表記　104
   　(4)　所在指示の表記　104

目次

(5) 参照の表記　104

(6) 主見出し語・副見出し語
　　の配列　104

(7) 段組みと行数、フォント
　　105

(8) 字下げ　105

(9) 索引項目が段や頁にまた
　　がる場合　105

(10) 見出し文字　105

(11) 例示　105

(12) 使用するソフト　105

2.3　索引の頁数　106

2.4　読者ターゲット　107

2.5　索引対象の決定　108

(1) 索引対象とする部分　108

(2) 索引対象としない部分
　　110

3.　本の内容の把握　110

3.1　トピックの把握の重要性
　　111

3.2　トピックの把握のしかた
　　112

4.　見出し語の選定　112

4.1　見出し語の表現　112

4.2　印のつけ方　113

4.3　特定的な語をとる　114

4.4　付随的な語はとらない　114

4.5　固有名詞　115

(1) 人名　116

(2) 組織名　117

(3) 地名　117

(4) 資料名　118

4.6　適切な語がない場合　118

5.　索引原稿の作成　119

6.　改訂版の索引作成　120

7.　事例　120

7.1　ステップ1　事前確認　120

7.2　ステップ2　本の内容の把握
　　121

7.3　ステップ3　見出し語の選定
　　121

7.4　ステップ4　索引原稿の作成
　　128

第6章　編集と校正 133

1.　編集　134

1.1　主見出し語　134

(1) 同義語　134

(2) 転置　136

(3) 一貫性　137

1.2　副見出し語の抽出　137

(1) 所在指示の多い主見出し
　　語　137

(2) 同じ語が含まれる主見出
　　し語　138

1.3　副見出し語　139

(1) 副見出し語の数　139

（2） 副見出し語の表記　139

（3） 副見出し語の所在指示が
　　　同じ場合　141

（4） 副見出し語の所在指示の
　　　数　141

1.4　参照　141

（1）「行き止まり参照」や「堂々
　　　巡り参照」　141

（2） ダブルポスティング　141

（3）「をも見よ」参照　142

（4） 包括的参照　142

1.5　所在指示　143

1.6　凡例の作成　144

2.　校正　145

（1） 配列　145

（2） 誤字　145

（3） 所在指示　145

（4） 参照　146

（5） 記号やフォント　146

（6） 字下げ　146

（7） 段や頁またがり　146

（8） 索引のレイアウト　146

3.　チェックリスト　146

用語解説　153

参考文献　157

索引　161

第1章 索引とは

「索引とは？」と改めて問われると、答えるのはむずかしいかもしれません。

本書のテーマである本の巻末索引は、その中でも、比較的思い浮かべやすいものでしょう。地図帳の地名索引、漢和辞典の部首索引、電話帳の五十音順索引、取扱説明書の索引など、索引を使わないと知りたい事柄が見つからない事典や辞書、マニュアルが以前は数多くありました。

このごろは、グーグルなどの検索システムで、ボックスに言葉を入力すれば、情報が検索されるようになりました。そのため、ますます日常的に索引を意識して使う機会は減っています。しかし、コンピュータによる情報検索でも、多くの場合索引が作成されていて、私たちは、実はデジタル媒体でも、無意識に索引を利用しています。

私たちのまわりには、多くの情報が満ち溢れていて、これらの情報の中から、いかに求める特定の情報内容に、迅速に、容易にアクセスできるかが重要になっています。

索引は、このような、求める情報内容に迅速かつ容易にアクセスするために作成された、情報検索のナビゲーションシステムです。

1. 索引とは何か

1.1 一般的な意味

一般的な索引のイメージは、「見出し語が並んでいて、その頁などの所在が

第1章 索引とは

示されているリスト」というものだと思います。

『広辞苑』の「索引」の項には "書物の中の字句や事項を一定の順序に配列して、その所在をたやすく探し出すための目録。インデックス。"[1] と書かれています。

『日本国語大辞典』（小学館）では、"ある書物の中の、語句や事項などが容易にさがし出せるように、それらを抽（ぬ）き出して一定の順序に排列した表。引得。インデックス。"[2] としています。

この2冊の国語辞典は、ともに索引の目的を「容易に探すため」として、「ある本の中の語句や事項」を「一定の順序に配列」した表としています。これは、一般的にとらえられている、本の巻末索引をイメージした索引の意味を示しているといっていいでしょう。

1.2 英語の意味

ところで、この両方の辞典には、カタカナで「インデックス」と書かれています。英語で索引のことを「インデックス（Index）」といいます。

英語のインデックスは、「指し示すもの」という意味のラテン語を語源としていて[3]、日本語で言う索引以外の意味もあります。ちなみに『オックスフォード英語辞典』[4] では、10種類の語義や用例が記載されていますし、名詞だけでなく動詞でも用いられています。

緒方良彦は、『研究社新英和大辞典』などの英和辞典を調べて、だいたい四つの意味にまとめられるといっています[5]。一つは「指数」という意味で、物価指数のように、ある事柄を理解するために用いられる数字をいいます。二つ目は、「指標」という意味で、物事の見当をつけるための目印を指します。計器の目盛などを意味することもあります。三つ目は、「見出し」という意味で、雑誌記事の標題をその例として挙げています。私たちは、ファイルにつけた項目を書いた出っ張りを、インデックスということがありますが、それもこの見出しという意味で使っています。そして最後が、本書にいう「索引」です。

本書では、「インデックス」というカタカナを使用しないで、本の巻末索引で通常使われる日本語の「索引」を使用します。

18

1.3　索引の定義

　では、もう少し専門的に、本書でいう索引の定義を明確にしてみましょう。

　索引について専門的に研究している分野は図書館情報学という領域です。そこで、まず、アメリカ図書館協会（American Library Association）の『ALA図書館情報学辞典』を見てみます。

　この辞典の索引の項目の 1. には、"ファイル、ドキュメント、ドキュメント集の内容に対する体系的な案内で、内容にアクセスするために、内容を表わす語やその他の記号と、参照、コード番号、ページ番号などを規則的に排列したもの"[6]と書かれています。ここでいう「ドキュメント」とは、媒体を問わず、著作物が記録されているものを指していて、具体的には本や本に類似した資料、録音物、映像資料、コンピュータファイルなどの情報源が含まれます。

　『図書館情報学用語辞典』では、"単行書や雑誌、その他の資料、情報源を対象として、その中の特定部分に容易にアクセスできるよう、アクセスの手がかりとなる語（見出し語）を一定の規則（五十音順やアルファベット順など）で排列し、各見出しのもとに該当する情報の所在指示を記載したリスト。……検索効果を高めるため、見出し間に相互参照が付与されることもある"[7]と書かれています。ここでいう単行書とは、一般的にいう単行本のことを指します。

　索引が「情報を容易に探すため」「一定の規則で配列されている」ことは、上記の 2 冊の国語辞典と変わりありませんが、異なる点が二つあります。

　一つは、索引が付与されるのは、本だけでなく、雑誌などの資料や、論文集などそれらの情報の集合（ファイル）も対象となることです。したがって、所在も本の頁だけでなく、雑誌記事のタイトルや雑誌名、巻号などの書誌的な情報の場合もあります。代表的なものとしては、雑誌・新聞記事索引が挙げられます。詳しくは、次の項で説明します。

　もう一つは、索引には「参照」（相互参照ともいいます）という、見出しとなる語と語の間の関係を示す情報があることです。具体的にいうと、「本」を引くと「図書を見よ」と指示されていたり、「図書」を引くと「資料をも見よ」というような案内がされている場合があります。このようにある見出し語から別の見出し語に案内することを、参照といいます。この参照は、読者を適切な見出し語に案内する、重要な役割を果たしています。参照についても、第 2 章

第1章　索引とは

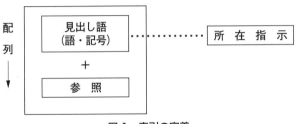

図1　索引の定義

で詳しく説明します。

　これらのことから、本書では、索引とは「特定の情報内容に容易かつ迅速にアクセスするために、情報内容を表わす見出し語（語や記号で記述され、索引語ともいいます）と、参照、ならびに頁番号など所在を表わす所在指示を、一定の規則で配列した構造化されたリスト」と定義します（図1参照）。

2. 閉鎖型索引と開放型索引

2.1　形態と対象

　索引には、閉鎖型索引と開放型索引があります（表1参照）[8]。

　閉鎖型索引は、単行本や事典・辞書などの、ある特定の情報源に対象を限定したいわゆる巻末索引がこれに該当します。所在指示は本の頁が示されることが多く、本の内容を探すための索引なので内容索引とも称されます[9]。

表1　索引の種類

	閉鎖型索引（内容索引）	開放型索引（書誌的索引）
代表例	巻末索引	雑誌・新聞記事索引
索引対象	ある特定の情報源（1冊の本、多巻数の本）に限定される	情報源が特定されないで、多数あり、追加される
所在指示	多くは頁	書誌的情報（書名、雑誌名、巻号数、頁など）
索引作成期間	1回	継続的、長期にわたる
索引語の種類	自然語	統制語あるいは自然語
索引語の統制ツール	なし	シソーラス
索引作成者	少数	多数

開放型索引は、雑誌・新聞記事索引、あるいはこれを電子化した雑誌・新聞記事データベースがその代表的な例です。雑誌・新聞記事索引は、さまざまな雑誌や新聞に掲載された記事一つ一つに索引語を付与し、検索できるように編集した索引です。わが国の代表的な雑誌記事索引としては、医学・薬学分野の学術論文を探す「医中誌 Web」[10]、大衆雑誌を対象とした「Web OYA-bunko（大宅壮一文庫雑誌記事索引検索 Web 版）」[11]、新聞記事索引では日本経済新聞社の「日経テレコン」の中の「日経新聞データベース」[12] などがあります。

開放型索引は、所在指示の情報が、頁ではなく、その記事のタイトルや雑誌名や巻号、頁などの書誌的情報のため、書誌的索引（あるいは文献索引、題目索引など）とも称されています。

2.2 作成のしかた

閉鎖型索引は、索引作成が 1 回限りであるのに対して、開放型索引は、多数の情報が追加されるので、索引作成期間も継続的で長期にわたります。

また、閉鎖型索引では、見出し語（索引語）もその本の中の語に限定され、多くは著者の使用した語（自然語といいます）になります。

対して、開放型索引の索引語は、複数の著者がそれぞれに語（自然語）を使用し、さらに時間の経過とともに語の意味なども変化します。そのため、開放型索引では、索引語の統一性や一貫性を図るために、著者が使った自然語そのままではなく、語を統制する必要性が生じます。これを自然語に対して統制語といいます。

そこで、開放型索引では、シソーラスと呼ばれる語の統制のための辞書が作られ、シソーラスに収録されている統制語を索引語とする場合があります。たとえば「医中誌 Web」では、「医学用語シソーラス」[13]、「Web OYA-bunko」では「大宅壮一文庫雑誌記事索引件名項目体系」[14]、「日経新聞データベース」では「日経シソーラス」[15] が用いられています。

また、閉鎖型索引の作成には、その都度、著者や編集者などごく少数の人々が携わるに過ぎませんが、開放型索引では、多くの索引作成者が長期にわたり作成を行ないます。そのため、雑誌・新聞記事索引では、索引作成のためのマニュアル作りや索引作成者の訓練が行なわれてきました。

第1章 索引とは

　閉鎖型索引と開放型索引のこのような違いから、わが国の索引に関する論文や研究は、どちらかというと、開放型索引に関するものが多いといえます。

　本書は、閉鎖型索引のうち、単行本の巻末索引を対象とした索引作成について述べようとしています。事典や辞書など、通読しない、調査を目的とした、いわゆるレファレンス資料の索引は対象としていません。

　したがって、以下の本書でいう「索引」とは、単行本の巻末索引を指しています。

3. 索引と目次

　本の索引は、まれに目次と混同されることがあります。英語では、目次はContents あるいは Table of Contents、索引は Index といいます。索引は、目次を詳細にしたものではありません。

　目次は、章や節などのタイトルと、それらが始まる頁の位置を、順番に並べたリストです。読者は、目次をたどることにより、その本の論理的構造や展開を理解することができます。

　一方、索引は、本文の論述の順とは関係なく、読者が本文中の特定の情報にたどり着くように編集したものです。目次がいくら詳細に、章、節のみならず、小項目のタイトルまで記述したとしても、本文の構成順であることには変わりありません。本文の構成の順序から離れることが、索引の特徴なのです。したがって、索引というのは、いつでも本文の構成の順序とは異なる編成順となります。

　ただし、索引の作成において、情報内容の分析と見出し語の選定は、著者の主張や論理にそって行ないます。ある論理的な文脈で語られた特定の情報と、別の論理的な文脈で語られた特定の情報を、同じ見出し語の下にまとめることで、その特定の情報が多角的に浮かび上がり、著者の主張や見解が明確になるのです。

4. コンピュータによる検索との違い

　現在は、たとえば、グーグルなどの検索エンジンを使って、文章中の語の検索が可能です。

　コンピュータは、私たちが入力した語と同じ語が、文章上にあるかどうかを簡単に探し出すことができます。「おいしいパン屋」と入力すると、「おいしい」や「パン屋」の語が文章にあるウェブサイトやウェブページを探し出してくれます。電子書籍などでも、同様に本文中の語を探し出せて便利です。

　このような、文章中の語句やフレーズを取り出して、配列したリストをコンコーダンス（concordance：用語索引）といいます。たとえば、著名な例としては『万葉集総索引』（正宗敦夫編）や聖書のコンコーダンスなどがあり、それぞれの文章中の用語を探すためにはたいへん有用です。そのため、労力と時間をかけて、人間が索引を作る必要はないと考えるかもしれません。

　しかし、コンピュータは、文章の意味する内容を理解したり、分析したりすることは今のところはできません。人間が表現する文章は非常に複雑で、文章上の語句を検索しただけでは、読者の求める情報の内容を探すことができないからです。

　そのことをもう少し詳しく見てみましょう。

4.1　情報の漏れ

　たとえば、ある著者は本の中で「女性」という語を、文脈によって「女子」あるいは「女流」と書き分けているかもしれません。このような場合に、コンピュータ検索で「女性」という文字列を入力しても、「女子」や「女流」は検索されません。そのため、「女性」について述べられている情報すべては検索できず、漏れが生じます。

　あるいは、「害虫の被害」について探したいとき、「害虫」と入力しても、文章中の「イナゴ」の被害や「蚊」の被害は探せません。読者にとって「イナゴ」や「蚊」は「害虫」の概念の中に含まれていますから、当然検索したい情報なのですが、「害虫」という文字列はないので、漏れてしまいます。

　また、自然語による文章表現は多様です。「全日空725便が機体に雷を受け、

第1章 索引とは

名古屋空港に緊急着陸した」というような文章で綴られた情報内容には、どこにも「飛行機」や「落雷事故」などという語はありませんが、私たちはそれが「飛行機の落雷による事故」であるという主旨（主題）を把握することができます。そして、もし「飛行機の落雷による事故」について探そうとしたら「飛行機　落雷　事故」のように入力します。しかし、この文章には「飛行機」も「落雷」の文字列もありませんから、ヒットしません。この情報は検索から漏れてしまいます。

　このように、コンピュータ検索では、検索した結果の情報が、求める情報内容すべてであるとは限らないのです。しかも、その漏れた情報が何か、どこにあるかは検索されない限りわかりません。

4.2　シソーラスと参照

　このような情報の漏れを防ぐために、雑誌・新聞記事索引などの開放型索引では、2.2 作成のしかた（p.21）で紹介したシソーラスで、たとえば「女性」「女子」「女流」を同義語として、「女性」を代表語とあらかじめ規定し、「女性」を扱った記事には、文章中に「女子」が使われていても、索引作成者が「女性」と統制語を付与します。一方、検索者が「女流」を入力するとシソーラスで「女性」という統制語に変換して、目的の記事の文章上の語（自然語）が「女性」「女子」「女流」のどれであっても、検索できるようにしています。

　あるいは、シソーラスでは「害虫」の下に「イナゴ」や「蚊」などの語を網羅して、あらかじめ階層関係を作成しておきます。こうしておけば「害虫」と入力すると、「イナゴ」や「蚊」などの下位語が付与された記事も全部検索することができます。

　けれども、本の索引のような閉鎖型索引では、その本ごとの索引作成になるため、このようなシソーラスをその都度作成することはできません。閉鎖型索引では、見出し語はすべて自然語を用います。そこで、本の索引では、同義語や上位語・下位語などをコントロールするために、「女子は女性を見よ」のような参照や、「害虫」のもとに「イナゴ」を配置する構造化が必要になるのです。

24

4.3　ノイズ

　また、コンピュータ検索では、文章の意味内容を問わず、文章中の文字列を拾いますから、たとえば、「学術出版については、詳しくは第4章で述べる」とか「子どもから大人まで誰でもが」というような、実質的な情報内容を伴わない文章でも、「学術出版」や「子ども」と入力すると検索されてしまいます。これらの文章は、「学術出版」や「子ども」について、内容のある実質的な情報を提供しているわけではないので、これらがヒットしても適合しない情報、つまりノイズということになります。

4.4　コンピュータ検索の限界

　コンピュータ検索は、たいへんに便利で、文章中の語を手がかりに、情報を探し出すために必要不可欠です。また、コンピュータ検索は、時間やコストをかけないで、早く情報を提供しなければならないときや、あるいは刻々と変わる情報に適しています。今やコンピュータ検索なしに、情報を探すことはできません。

　しかし、文脈から言おうとする主題や意味をくみ取ったり、重要な語と不要な語を区別したり、語を体系的に編集することは、残念ながらコンピュータにはできません。コンピュータによる検索だけでは、情報の検索漏れやノイズを含む可能性があるのです。

　人間は、文章を理解し、表現されている情報内容を分析し、読者が探すであろう見出し語を予想し選択し、構造化し、他の見出し語との関係を作りあげることができます。読者が時間を無駄にすることなく、適切な情報にアクセスするように導くのです。

　今のところ本のすべてが電子化されることはありませんし、電子化された本のコンピュータによる検索は、コンコーダンスを引くようなものであって、索引の機能は十分に果たされていません。今後、本が電子化されてゆき、コンピュータ検索ができたとしても、人手による索引は必要であると考えます。

第1章　索引とは

5. 索引の機能

　索引の国際的なガイドラインである *ISO999 : 1996* では、索引の機能は、情報を探す効果的な手段を読者に提供することであるとして、下記のような10項目を示しています[16]。

(1) 索引対象の著作物から適合する情報内容を識別し、その所在を示す。

(2) ある主題についての情報と、付随的言及を区別する。

(3) 潜在的利用者にとって重要ではない主題の付随的言及を除く。

(4) ドキュメントに扱われている概念を分析し、一連の見出し語を選択する。

(5) 索引の見出し語は、利用者にとって適切であるようにする。そのことにより、主題に詳しい利用者も不案内な利用者も、情報の有無や内容を迅速に識別し検索することができる。

(6) 概念の関係を示す。

(7) ドキュメントの配列により、散らばっている主題の情報をまとめる。

(8) 主見出し語と副見出し語を統合する。

(9) 見出し語として選択されなかった語から、選択した見出し語へ導く、これを「を見よ」参照という。

(10) システマティックで便利な順番に、索引項目を配列する。

　これは索引全体を対象としていますので、本の巻末索引という観点から少し説明を加えます。

(1) 索引対象の著作物から適合する情報内容を識別し、その所在を示す。

　本の中のさまざまに議論されている事柄から、読者が求める情報内容を特定して、その頁などの所在指示を示すことは、索引の基本的な機能です。

(2) ある主題についての情報と、付随的言及を区別する。

　本には、多くの情報内容が記述されています。これらをすべて見出し語とするのではありません。著者は、ある主題を説明するために、複数のトピックスや要素を関連づけています。索引作成者は、文脈を読み解き、実質的な主題の情報と単に文章に現われただけの付随的な情報を区別します。

（3）潜在的利用者にとって重要ではない主題の付随的言及を除く。

　そして、読者にとっては必要ではない、単に文章に現われただけの付随的な情報を除きます。たとえば、「大学のイントラネット」の説明をしている部分で、「知的財産権やプライバシー保護のために、多くの大学ではイントラネットを使っている」という文章があったとして、「知的財産権」や「プライバシー保護」は（文脈によっては必要と思われる場合もありますが）、通常は見出し語としてはとりません。この部分では、「大学のイントラネット」について述べているので、知的財産権やプライバシー保護については、実質的に述べていないからです。この本の他の部分で、「知的財産権」の定義や歴史について論じられている箇所で、この見出し語をとります。

（4）ドキュメントに扱われている概念を分析し、一連の見出し語を選択する。

　ドキュメントとは、日本語では文献や文書と訳されることが多いのですが、一般的には、媒体の上に記録されているものを指し、図書や資料、画像、映像、データなどが含まれます。ここでは、本として説明します。

　索引は、文章上にある語を見出し語にするのではなく、本の主題分析を行なった上で適切な見出し語を選択します。前項で「全日空725便が機体に雷を受け、名古屋空港に緊急着陸した」という文章を例にあげました。このような情報に対して、主題内容を分析し、読者はどのような語で探そうとするかを推測し、適切な語を考え、「航空機」や「落雷」などの語を見出し語として選択します。

（5）索引の見出し語は、利用者にとって適切であるようにする。そのことにより、主題に詳しい利用者も不案内な利用者も、情報の有無や内容を迅速に識別することができる。

　索引は、本を読んだことがある、あるいは拾い読みをした読者が、思い出せる言葉で引くことができなければなりませんし、その本を読んだことのない読者にも、求める情報の有無を迅速に探せるものでなければなりません。

　読者は、いつも自分が探したい事柄について、よく認識しているわけではありません。求める情報に対してぼんやりしたイメージしかない場合や、探すための正確な語を知らない場合もあります。

第**1**章　索引とは

(6) 概念の関係を示す。

　索引は、本の中に述べられている概念の間の関係を、次の（7）から（9）のような方法で整理します。これが、本の索引が効果的に機能する重要な作業になります。

(7) ドキュメントの配列により、散らばっている主題の情報をまとめる。

　本では、著者の議論がその文脈にしたがって論じられています。索引の大きな機能は、この文脈を無視して、情報に分け、本の中に散らばっているそれらの情報を再編成して、新たな見方でまとめることです。索引は、単に求めている情報内容が、本のどこにあるかを探すだけにとどまらないのです。読者は、索引によって、本のあちこちに散らばった、ある見出し語に関する情報を適切に探すことができます。

(8) 主見出し語と副見出し語を統合する。

　一つの見出し語のもとに、多くの所在指示が羅列されると、適切な情報内容にたどり着くまでに、無駄な時間が費やされることになります。そこで、情報内容を分析して、主見出し語の下に、副見出し語（時には副々見出し語）を作り、上下関係をつけます。そうすることで、探したい内容がより特定的に見つけられ、並ぶ所在指示の数も少なくなり、短時間で目的の情報にアクセスすることができるのです。

　また、副見出し語があることで、読者が自分の求める情報が明確ではない場合に、それを認識させる手がかりとなります。たとえば、「出版権」について探したいと思って、「出版権」という見出し語を引くと、副見出し語に「譲渡」「消滅」「侵害」「登録」などが並んでいます。索引を引く前には明確ではなかったけれども、副見出しによって、「出版権」についてさまざまな角度からの論点が存在し、自分の探したい情報はその中の「出版権の譲渡」についてだったと、気がつくことができます。同時に、他の副見出し語も関連性があり、それを探すかもしれません。

(9) 見出し語として選択されなかった語から、選択した見出し語へ導く。これを「を見よ」参照という。

　見出し語は、基本的に本の中で使われた語句を選択しますが、索引は、読者の思いついた言葉で引くことができなければなりません。たとえば読者は、選

択した見出し語と違う表現の、同義語や類義語で引くかもしれないのです。そこで、見出し語として選択されなかった語から、選択した語へ導く参照が必要となります。また、関係する見出し語を「をも見よ」参照で案内することで、知りたい情報がより理解できるかもしれません。

(10) システマティックで便利な順番に、索引項目を配列する。

索引項目は、日本語の索引ではたいてい五十音順に配列します。配列については、第3章に詳しく述べます。

以上のように、索引は、本の中に扱われている情報内容を分析し、読者が重要と思う情報と付随的記述を区別し、実質的な情報に対し見出し語を選択し、本の中に散らばっている情報をまとめ、主見出し語と副見出し語の関係や、参照により、情報内容の関係を整理し、その所在指示を示し、配列して、読者の情報アクセスを素早く的確に行なえるようにするのです。

6. 索引を必要とする本

では、巻末に索引を必要とする本にはどのようなものがあるのでしょうか。

The Chicago Manual of Style（以下『シカゴ・マニュアル』）という、研究者や編集者の間では著名な、学術的著作物の書き方のマニュアルがあります。この『シカゴ・マニュアル』では、"ノンフィクションのすべての真面目な本が、その有用性を最大限に発揮するには、索引が必要である"[17] と述べられています。

小説や詩などの文学作品は、全体を通読してはじめて著者の意図を理解することができるものですから、その一部分の情報を探そうという必要性は通常はありません。しかし、学術書はもちろん、教科書、教養書、実用書、料理本、マニュアルなど、読者が本の特定の部分を探そうとすると考えられる本には、巻末索引が付与されるべきだと思います。

6.1 索引の付与率

私は、以前料理本の索引付与の実態について国立国会図書館の蔵書目録を

第1章　索引とは

使って調査したことがあります[18]。索引が付与されていた料理本は、全体の30％にすぎませんでした。同様に、アメリカ議会図書館の蔵書目録で調べると、実に97％の料理本に索引が付与されていました。料理本という、かなり事典や辞書などのレファレンス資料に近い、普通の人が調べる必要が生じる実用書でもこのような状況です。

　山﨑久道が調査した経済、社会、医学分野でも "アメリカの本の7割には索引がついているのに、日本の本では、索引付与率は、50％以下"[19] という結果でした。このような専門書の分野でも、半分の本にしか索引がついていません。長く読み継がれている著名な専門書や、図書館情報学の分野の本でもついていない場合があります。

　また、わが国では、新書と総称される、文庫本よりやや縦長の小型本があります。新書は、書下ろしの啓蒙書や教養書が多く、手軽で安価に専門的な知識を得られる本ですが、残念なことにほとんどの新書には索引がついていません。新書の少なくとも専門的分野の教養書に位置づけられる内容のものには、ぜひ索引をつけてもらいたいと考えます。

6.2　翻訳書の索引

　わが国では、翻訳書が多く出版されています。欧米の学術書の原書には、たいてい索引がついています。しかし、日本語に翻訳された本には、索引がない場合が見受けられます。あったとしても、原書の索引の緻密さには程遠く、頁も数頁というものも見られ、がっかりすることがあります。

　優れたビジネス書・経済書に対して、ビジネス書大賞（Business Book Award）という賞が与えられています。これは、"日本のビジネスパーソンの成長、ひいては日本のビジネス界の発展"[20] に寄与する本を対象として、経済界や書店員、出版社、読者などの投票によって選考し、毎年「ビジネス書大賞」として表彰しているものです。2010年の創設から2018年までの9年間で、大賞と準大賞などの賞に輝いた本の37冊うち、翻訳書が15冊あります。この15冊のうち、原著に索引がある本は10冊なのですが、国立国会図書館の蔵書目録で調べると、日本語の翻訳書に索引がある本は1冊しかありませんでした。これらはビジネス書ですから、学術書とは少々異なります。しかし、原著

30

に索引があっても翻訳書には1割しか索引がないという結果でした。

　山﨑久道も、日本語標題に「経済」とついている索引のある本で、英語からの翻訳書10冊を選んで、索引があるかどうかを調べたところ50％しかなかったと報告しています[21]。

　日本語版を刊行する際の出版契約書においては、通常「翻訳は原書に忠実、正確になされること。原書内容を省略、追加、変更する場合は、権利者の事前承諾を得ること」[22]という条項が含まれています。したがって、地人書館の編集者永山幸男は「原書の索引は"原書内容"に含まれていると考えるべきで、日本語版で索引が省略されているのは厳密には契約違反であり、少なくとも原書の索引方針に従った日本語版の索引が必要だ」と主張していますが、私も同感です。

　私の調査では、翻訳書の索引をつける場合は、原書の索引を翻訳するのではなく、翻訳書をもとに索引作成をしていることがわかっています[23]。日本語と外国語では、言葉づかいも違いますし、そのまま翻訳しても配列や頁が違ってきます。

　せっかくよい翻訳をしても、索引がなければ、原書を活かすことはできません。翻訳書にも、原書の索引を参考にしながら、是非索引を付与してほしいと思います。

7. 読者はどのように索引を使うか

　ここで、読者は実際にどのように索引を使うのか、想像してみたいと思います。

　ここに『簡単おいしい家庭料理』という料理本があります。

　毎日仕事で忙しいユカリさんは、よくこの料理本を利用します。半年前に友達のために、この料理本を使ってハンバーグを作ったことがありました。評判がよかったので、またこのレシピで、ハンバーグを作りたいと思って索引を探します。

　はじめに思い浮かぶのは「ハンバーグ」という言葉です。

　けれども、この料理本の索引は材料別に配列されているので、直接「ハン

第1章　索引とは

バーグ」という見出し語は探せません。そこで、ユカリさんは「ハンバーグ」の主たる材料の「牛肉」を探そうと考えます。しかし、材料別索引なので、見出し語の五十音順で「牛肉」という語を直接探すこともやはりできません。

そこで、材料別索引の初めの頁から順に見ていくことにします。はじめに「野菜」の見出し語があり、「ほうれん草」「かぼちゃ」（五十音順にはなっていません）などの野菜の材料名が2頁続きます。それぞれの材料名の下には、たくさんのレシピ名が並んでいます。

そのあとに「肉」という大きな見出し語がありました。そこで、その下の見出し語「豚肉」の次に「牛肉」がありました。けれども「牛肉」の下に並んだ七つのレシピ名の中に、ハンバーグは出ていません。

でも、確かに、前にこの料理本でハンバーグを作った記憶があります。

ユカリさんは索引で探すのをやめて、目次を見ます。この料理本は、200ほどのレシピが「四季の献立」「簡単な献立」「おもてなし献立」のような見出し項目の下に編集されています。「ハンバーグ」が何という献立の項目にあったか、ユカリさんは忘れています。

ユカリさんは、目次から探すのもあきらめて、結局料理本をはじめのほうから、パラパラとめくって「ハンバーグ」のレシピを見つけました。

実は、この材料別索引では「肉」の分類の下に「豚肉」、「牛肉」とあり、そのあとに、「鶏肉」「ハム」「ひき肉」と見出し項目がさらに並んでいて、「ひき肉」の見出し語のもとに「なつかしのハンバーグ」というレシピ名があったのです。この料理本で、材料をどのように分類し配列しているか、ユカリさんにはわからないので、「牛肉」で止まってしまったのです。

この料理本でハンバーグを作ったことのあるユカリさんは、最後は料理本をはじめからめくって、根気強く探しました。しかし、この料理本でハンバーグを作ったことのない人は、索引の「牛肉」（あるいは「豚肉」）を見て、この料理本には、ハンバーグのレシピはないと思うでしょう。

そして、今後ユカリさんは、「索引なんて役に立たないものだ」と思ってもう使わないかもしれません。

中学生のサトシ君は、「イタリアの印刷術の歴史」について調べています。本の歴史について書かれた本を、図書館で何冊も見つけてきました。その中の

32

一冊で『本の歴史』というタイトルの一般向けの専門書を手に取り、索引を調べました。「イタリア」と引くと 17 ヵ所の頁があります。次に「印刷術」を引くと、これもまた 23 ヵ所の頁が羅列されています。目次は章立ての項目しかなく、手がかりになりません。とりあえず、「イタリア」の所在指示を順番に見ていきます。

　最初の所在指示の頁を開いて、文章の中に「イタリア」という語を見つけました。それは「イタリア、フランス、スペイン、イギリスの修道士たちは、必要な本がないと他の修道院に助けを求めた」という文章で、印刷術のことではありません。17 ヵ所の示された頁を 8 ヵ所見たところで、やっとイタリアの印刷術に関係する記述を見つけました。他の頁にも「イタリアの印刷術」について書かれた箇所があると思われます。しかし、サトシ君は疲れてしまって、この本を使って調べるのはやめることにして、もっと効率よく探せる索引のついている専門書を探すことにしました。

　読者は、索引を引いて、自分の頭の中にある辞書の中から、探したい事柄を表わすと思われる言葉で、迅速に本文中の該当の場所に行きつきたいだけなのです。

　ちなみに、私は自著を大学の講義に使っているのですが、しょっちゅう索引を引いています。自分が書いた内容でも、実はすぐに探したい頁を開くことはできません。本の索引を最も使っているのは、著者自身かもしれません。

8.　索引の利用者は誰か

　索引を利用するのは、ユカリさんのように、すでにその本を読んでいて、あとで、ある情報について探そうする既読者だけではありません。現在その本を読んでいる最中で、前に出てきた事柄を探したいというような場合もあるかもしれません。サトシ君のように、通読はしていないが、興味ある情報について、その本がどのように述べているかを調べたいという、未読者も利用者となります。したがって、索引作成者は、索引の利用者が、本全体を読んでいないことを考慮しなければなりません。

　既読者ならば、著者の特徴的な言い回しや語句の使用のしかたを知っている

第1章　索引とは

でしょう。しかし、未読者は、より一般的な言い方で探すと考えられます。また、既読者であっても、本の中での著者の語句の使い方を忘れているかもしれません。

　たとえば「児童の権利に関する条約」という子どもの基本的人権を保障する国際条約がありますが、「子どもの権利に関する条約」という言い方も多くなされています。「子どもの権利に関する条約」という言い方にこだわって記述している著者もいます。基本的には、索引の見出し語は、本の著者が使用した語句やフレーズを中心としてとりますから、本の中で「子どもの権利に関する条約」という呼称しか使われていなくて、それしか見出し語にとっていなかったら、「児童の権利に関する条約」という正式名称で探した読者は、探せないでしょう。そのような場合には、両方の見出し語を抽出したり、参照で案内しなければなりません。

　特定の分野を扱った学術書は、多少とも専門的な知識を持った読者が想定されると考える著者や編集者もいるかもしれません。

　しかし、学術出版の編集者である鈴木哲也らは、学術書の特性は"一般の書籍と同じく市中の書店店頭に並び、誰でも購入でき"ることであると述べています。"図書館などでも同様で、専門領域ごとの棚の区分けはありますが、読者のトレーニングレベル（専門家か非専門家か）では区分けされないのが一般的です。そのため書籍の場合、そもそも媒体の性格として、読者が誰か、自明のこととしては限定できない"としています。そのため、"書かれた内容が、専門の垣根を越境して広がる可能性が"学術雑誌や報告書などに"比べて圧倒的に大きいというのが、学術書の特性なのです"と述べています[24]。

　ましてや、専門的な分野でも、教養的あるいは啓蒙的な記述をした一般向けの本ならば、読者は広範囲に広がり、専門用語とは異なる語で索引が引かれるかもしれないのです。

　どのような読者が索引を引くかを想定することは、とてもむずかしいことです。しかし、少なくとも、本の中で使われている語を覚えている既読者だけを対象にしていないことを、索引作成者は心にとどめておかなければなりません。

　これは、索引を作成する上で、とても重要なことです。

34

9. 誰が索引を作るか

　私が、学術書の著者と学術出版社の編集者に対して行なった調査によると、わが国では、たいていの場合、著者と編集者が協力しながら索引作成しています[25]。分野や出版社、編集者によって多少異なりますが、一般的な索引作成の流れとしては、著者が、頁が確定したあとの校正ゲラに見出し語の印をつけ、そのあと、編集者が Excel などのソフトを使用して、入力、編集します。その際、さらに必要と思われる語があったり、表記の揺れがある場合などは、編集者が著者と相談をしながら索引原稿を作成しています。

　編集者は、索引作成の知識や技術を、実務を経験しながら、先輩に教わったり既存の本の索引を見ながら独学で学んできたと答えています。しかし、一人の編集者が、複数の本の出版編集を同時に行ない、原稿入稿から短期間で出版するスケジュールの中で、最後の工程となる索引編集にかけられる時間は限られています。索引の重要な機能である、見出し語の階層化や、同義語などを考慮した十分な索引編集は、実際には短時間ではとてもやり切れないのが現状です。

　一方、著者は、自著の内容に最も精通していますが、本の索引作成技術を体系的に学ぶ機会はほとんどありません。さらに、経験が蓄積されるほどの何冊もの本を出版するという著者はそう多くはありません。特に共著の場合は編者が索引作成の中心となり、各著者は作成をしない場合もあります。そのため、著者は編集者と異なり、索引作成の経験が蓄積されにくいといえましょう。

　索引作成は、既読者だけでなく潜在的読者がどんな言葉で何を探すかを想定し、著作物全体と個々の部分との関係を咀嚼し、制約された時間の中で何回も見直して、熟考を重ねなければならないハードな仕事です。著作物の内容に対する知識と、索引作成の知識と技術、ならびに経験の蓄積が必要です。誰でもできるわけではありません。しかし、多くの著者と編集者は、索引作成の体系的な教育や訓練を受けていないのです。これでは、単に見出し語と所在指示を配列しただけの、貧弱な索引になってもしかたのないことです。

　実は私は、自著の索引は、これまで自分で作成し、索引原稿を入稿してきました。しかし、振り返ると、とても良い索引ができたとは言えません。索引は、

第1章　索引とは

本文の校正が終わって、頁が確定しないと作成できませんが、著者は、本文を書き上げて、著者校正をしたら正直もうへとへとです。やっと、本文を間違いなく校正したあとに、索引作成という面倒な、しかも自分の本の内容に別の視点から客観的に向かい合うという作業をするのは、たいへんにしんどい話なのです。私は、自分の著作物を自分で索引作成するよりも、内容をよく理解できる第三者に索引を作ってもらった方が、ずっと良いものができると思っています。

　欧米では、出版契約書によって、索引は著者が作成することが多いようです。著者が作成できない場合は、プロの索引作成者に依頼します。索引作成者は、著者と編集者とコミュニケーションを取りながら、索引を作成します。

　たとえば、地人書館が 2013 年に出版した、日本語版『パラサイト』の原書 *Parasites*（2010）の索引には、索引作成者の名前「Marsia Carlson」が記載されています [26]。Marsia Carlson は、アメリカ索引協会（American Society for Indexing）の 1990 年 H.W.Wilson 優秀索引賞を取っている索引作成者です。アメリカ索引協会は、アメリカの索引作成者の団体で、アメリカで出版された本の優秀な索引に対して、毎年優秀索引賞を贈っています [27]。

　また *ISO999 : 1996* では、"出版社は、索引作成者に、その本に名前を表記する機会を与えるべきだ" [28] と書かれています。わが国でも、優れた索引を作成するためには、索引作成者の育成と索引作成者に対する敬意が必要だと思います。

　ちなみに、索引作成者の組織は、アメリカだけでなく、イギリス、オーストラリア、ニュージーランドなどにあり、会議を開催したり、雑誌を刊行するなどの活動をしています。わが国でも日本索引家協会が 1997 年まであり、『書誌索引展望』という雑誌を刊行していました。

　いずれにしても、良く整理された本は、索引作成者が誰であっても、索引を作成するのが容易であることが明らかです。そのためには、まず著者が、初めから索引を作ることを念頭において、執筆することが大切だと考えます。全体の構造をしっかりと組み立て、使用する用語を統一しながら書くことです。

　特に、共著で著作する場合には、用語の統一が不可欠です。隣接する分野にまたがっている場合は、用語だけでなく定義も違っているケースがあります。

36

また、同じ分野であっても、微妙に用語の使い方が異なることがありますし、一人の著者でも、用語の統一が取れていないことに、索引作成の段階で気づくこともあります。

こうした作業は、著者にとって、「言うは易く行なうは難し」であることは、私もよく理解していますが、良い索引を作る基本となることは疑うことのない事実です。良い索引が容易に作成できる本は、内容的にも明解で読者にとって良い本であり、ひいては、良く売れる本になるのです。

本の索引を作成するのは、著者、編集者、専門の索引作成者の誰でもかまわないし、いずれにしても互いの協力が必要だと考えますが、本の主題に関する知識と、索引作成の知識と技術、ならびに経験の蓄積が必要であることは確かです。

10. 索引の種類

本の索引の見出し語には、一般名詞や固有名詞（人名、組織名、地名、商品名など）、著作物の標題（書名、論文名など）、略語、頭字語、コード番号など、さまざまな種類があります。

たいていの索引では、これらのすべての種類の見出し語を全部一緒に配列して、一つの索引を作ります。一緒にしても特に混乱が生じない場合は、一つの索引として編集する方が読者にとって使いやすいと考えるからです。

一方、索引の見出し語の種類や数によって、見出し語の種類別の索引を作成する場合もあります。下記に一般的な索引の種類を示します。

なお、索引には、五十音順索引やアルファベット順索引、和文索引や欧文索引などという名称もありますが、これは、配列の順序や、見出し語の言語の違いによる呼称で、見出し語の種類によるものとは異なります。

（1）主題索引

主題索引とは、本の主題や情報内容を表わした見出し語の索引を指します。通常の本の索引は、この主題索引を指し、これを単に「索引」と称しています。見出し語には、一般名詞や名詞句などのほか、人名、組織名、地名、商品名、物質名などの固有名詞や、略語、頭字語など、主題を表わすすべての語が含ま

第1章 索引とは

れます。

主題索引には、分野や、読者の使いやすさ、見出し語の数などを考慮して、特定の種類の見出し語だけを取り出し、人名索引、機関名索引、地名索引などの名称で、分けて編集する場合もあります。この場合は、それ以外の見出し語の主題索引は、事項索引と称されることが多いようです。

(2) 著者名索引

著者名索引は、本文中で紹介された著者名や、参考文献、引用文献の著者名を見出し語とする索引を指します。著者名は、個人著者名、団体著者名の両方を含みます。

(3) タイトル索引

タイトル索引とは、本文中で紹介された著作物（本、論文など）のタイトルを見出し語とする索引です。

11. 索引の歴史

11.1 印刷技術の発達

現代のような本の索引ができたのは、15世紀半ばの印刷技術が発達したのちのことです。

その理由として、Hans Wellisch は"第一に、本が巻物の形で書かれていた限りにおいては、頁や紙葉の番号も、（今日の古典に見られるような）行番号もなかった。また、このような数値的指標があったとしても、正確な所在を示す索引をつけることは実用的ではなかっただろう。なぜなら、読者が索引を調べるためには、巻物を最後まで広げて、その探している場所まで巻きもどさなければならなかったからである"と書いています。第二の理由として"人気のある著作物は多くの（時には数百部以上の）写本が作られたが、一つとして同じものはなかった。そのため、索引は、正確な頁ではなく、せいぜい章や段落につけられることしかできなかった"としています[29]。写本というのは、印刷術が発明される前、人が手書きで書き写した本を言います。

つまり、現在のような索引ができるためには、同じ形の複製物ができ、本という形態で頁が固定されるようになって、はじめて可能になったということに

11. 索引の歴史

なります。

11.2　わが国の索引

　わが国でも同様に、写本の形態の古書には、現在の巻末索引のようなものは付与することはできなかったと考えられます。松井簡治は、国書の索引を作るには困難があるとして "正確なる定本なく、諸種の異本あれば、刊行書なりとて、之を本として、索引を作ること難し" と明治31年（1898）に書いています[30]。しかし、江戸時代には、コンコーダンスや書誌的索引に該当する『群書捜索目録』（小山田与清）や『源氏物語類語』（岸本由豆流）などが作成されていたことが知られています[31]。

　松井は、また「索引によって無駄な労力が省かれることは言うまでもなく、洋書を読むものは、本の巻末には皆索引があることを知っているが、和漢の本には索引が少なく、探すのに手間と時間がかかる」ということも述べていて[32]、近代以降、外国の本の索引の影響を受けて、現在のような索引が付与されるようになってきたと考えられます。

　たとえば、国立国会図書館のデジタルコレクションで調べると、明治15年（1882）に医師森鼻宗次が編集した『外科診断学』に索引が付与されています[33]。森鼻宗次は明治初期に英米の医学書を多く翻訳しているので、それらの影響を受けて、自著にも索引を付与したのではないかと推察されます。

　しかし、その後のわが国における索引付与は、あまり熱心に行なわれてこなかったようで、図書館情報学研究者をはじめとして、識者らがその著述の中で嘆いています[34]。

　"わが国では古くから＜索引（この場合は主に内容索引についてであるが）＞の発達がほとんど見られなかった理由としては、古来、中国ゆずりの「読書百遍　義おのずから通ず」のテーゼにしばられ、修学の態度もまた、おのがじし（まま）刻苦精励するのを旨とし、また博覧強記が素朴な畏敬のまととなるなど、万事が帰納法的に解決されて来た" からだと稲村徹元は述べています[35]。このことは、わが国の本に索引が付与されていない、あるいは不十分な索引が散見される背景だと考えられます。

　また、戸田光昭は、索引が発達しない原因として、日本人は "西欧のように

第1章　索引とは

文字配列順（アルファベットや五十音順など）で並べることに、習熟している
とは言え"ず、"日本における五十音順排列の訓練は……一般的にはほとんど
行なわれていない"ことを挙げ、"したがって、古くから体系的分類と排列に
は熱心で、辞書の文字排列にも体系順が行なわれていた時代もあり、音順排列
が行なわれるようになったのは、明治以降と言ってもよい程に、最近のことで
ある"と述べています[36]。漢字表記と読みが別にあるという日本語の特性は
あるにせよ、「はじめに」に述べた料理本の索引に、体系順配列と頁順配列が
多く存在したことを思い起こすと、これも一理あると考えます。

12. 著作権

　わが国の著作権法第12条第1項では、"編集物（データベースに該当するも
のを除く。以下同じ。）でその素材の選択又は配列によって創作性を有するも
のは、著作物として保護する"とされています。したがって、本の索引は、創
作性を持っているならば、編集著作物と考えられます[37]。

　2000年3月17日の東京地裁の判決で、職業別電話帳（タウンページ）デー
タベースは、体系的な創作性を有するデータベースの著作物であると判断され
ました[38]。データベースとは、著作権法第2条第1項10号の3で"論文、数
値、図形その他の情報の集合物であって、それらの情報を電子計算機を用いて
検索することができるように体系的に構成したもの"と規定されています。職
業別電話帳は、電話番号の情報を職業別に分類し配列したもので、索引の一種
ですから、この判決によって、索引も著作物として認められたといえます。

　しかし、単に五十音順に並べた索引は編集著作物とは認められません。見出
し語の選択や配列に創作性があれば、編集著作物（それがデータベース化され
ているならばデータベースの著作物）として認められるといえるでしょう。本
書でいう索引は、見出し語の選択、構造化、配列という一連の創作的行為が必
ず伴うものですから、その成果物としての索引は、著作物として保護されると
考えられます。

　そこで、索引の著作者とは、この見出し語の選定や構造化、配列に携わった
著作者や編集者、索引作成専門家などが該当します。索引の著作者は一人の場

12. 著作権

合と、複数の著作者が共同で製作した共同著作物となる場合が考えられます。また、出版社に所属する編集者が著作者の場合は、職務著作となり、著作権は出版社に帰属します。

　わが国では、本の出版契約書に索引に関して記述がある例を見ることは、ほとんどないように思います。日本書籍出版協会の出版契約書のヒナ型でも、索引の著作権については特に明記されていません[39]。そのため、著者が索引を作成した場合は、特に問題はないと思いますが、索引作成に携わった人が複数いた場合には、索引の著作権が誰に帰属するかは明確ではありません。それは、出版界や著者の間で、索引への関心や重要性の認識が低いことの証左でもあるかもしれません。

　欧米では、出版契約書に索引についての言及を見ることができます。たとえば、カナダのマニトバ大学出版局では"もし索引が必要だと感じたならば、著者がそれを作成し、校正ゲラをもどすときにそのコピーを提出する。……もし、索引を自分で作成しないならば、将来支払われるロイヤリティから著者の費用で索引を用意する"とされています[40]。あるいは、アメリカのビジネス書の出版社 Maven House Press では、"もし、著者や出版社が著作物の索引が必要だと決めたならば、出版社は、出版社が適切と考えるような方法で索引を作成する第三者を雇用し、出版社が索引作成費用を支払う"と明記されています[41]。編集者や著者が第三者に索引作成を依頼したならば、その間で何らかの契約が必要とされ、そこで著作権の帰属についても記載されるでしょう。

注：引用文献

1）"さく-いん【索引】". 広辞苑. 新村出編. 第7版, 岩波書店, 2018, p.1160.

2）"さく-いん【索引】". 日本国語大辞典第5巻. 第2版, 日本国語大辞典第二版編集委員会編. 小学館, 2001, p.1428.

3）Wellisch, Hans H. "Index: The word, its history and meanings". Indexing from A to Z. 2nd ed., H.W.Wilson, 1995, p.200. 戸田慎一, 宮部頼子訳. "'Index' その語源, 意味, 用法". 書誌索引展望. 1989, 13（2）, p.13.

4）"index". The Oxford English Dictionary, vol.7. Simpson, John Andrew; Weiner, Edmund S.C. ed. 2nd ed., Oxford University Press, 1989, p.852-854.

5）緒方良彦編著. インデックス：その作り方・使い方. 産業能率大学出版部, 1986, p.39-41.

41

第 1 章　索引とは

6 ）"index". ALA Glosssaary of Library & Information Science. Levine-Clark, M and Carter, Toni M. eds. 4th ed., American Library Association, 2013, p.132.

7 ）"索引　index". 図書館情報学用語辞典. 日本図書館情報学会用語辞典編集委員会編. 第 4 版, 丸善出版 , 2013, p.83.

8 ）Klement, Susan. Open-system versus closed-system indexing : A vital distinction. The Indexer. 2002, 23（1）, p.23-31. で 論 じ ら れ、Lancaster, F.W. (Indexing and Abstracting in Theory and Practice. 3rd ed., Facet Publishing, 2003, p.37.) や Mulvany, Nancy C. (Indexing Books. 2nd ed., Univ. of Chicago Press, 2005, p.4-5.) もこの論文を引用し議論しています。

9 ）わが国では、閉鎖型索引は「内容索引」「巻末索引」という言い方が多くされてきました。開放型索引については「書誌的索引」「文献索引」「題目索引」などさまざまな言い方がされています。井上如. 索引作成マニュアル. 日本索引家協会編. 日外アソシエーツ, 1983, p.11-12.、緒方良彦編著. インデックス：その作り方・使い方. 産業能率大学, 1986, p.47-49.、稲村徹元. 索引の話. 日本図書館協会, 1977, p.11-17、堀込静香. 書誌と索引. 日本図書館協会, 1990, p.15-17, 62-63. 、"索引". 図書館用語集. 日本図書館協会用語委員会編 . 4 訂版 , 日本図書館協会 , 2013, p.98-99. を参照。

10）「医中誌 Web」とは、特定非営利活動法人 医学中央雑誌刊行会が作成する国内医学文情報のインターネット検索サービスです。https://www.jamas.or.jp/service/ichu, （参照 2019-06-30）.

11）「Web OYA-bunko（大宅壮一文庫雑誌記事索引検索 Web 版）」は、公益財団法人大宅壮一文庫が所蔵する主要大衆雑誌の記事索引データベースです。http://www.oya-bunko. or.jp/, （参照 2019-06-30）.

12）「日経テレコン」はビジネス情報のデータベースサービスで、その中に日本経済新聞のほか全国の新聞や雑誌記事を調べられる「記事情報」のメニューがあります。http:// telecom.nikkei.co.jp/guide/, （2019-06-30）.

13）「医学用語シソーラス」は、医学・歯学・薬学・看護学・獣医学・公衆衛生学等の分野で使われている用語約 3 万語を体系的に関連付けたキーワード集で、「医中誌 Web」を検索するために使用します。https://www.jamas.or.jp/database/thesaurus.html, （2019-06-30）.

14）「大宅壮一文庫雑誌記事索引件名項目体系」は、大・中・小の階層構造をもち、大項目 33、中項目 695、小項目約 7000 によって構成され、これをもとに雑誌記事に件名が付与されています。http://www.oya-bunko.or.jp/magazine/for_index/tabid/89/Default.aspx, （参照 2019-06-30）.

15）「日経シソーラス」は、約 1 万 3 千語の同義関係や上位・下位の階層関係を持たせた索引語集です。日経四紙記事データベースには記事中に出現しない語でもキーワードとし

42

注：引用文献

てシソーラス語が付与されています。http://t21.nikkei.co.jp/public/help/contract/price/20/help_kiji_thes.html，（参照 2019-06-30）.

16）ISO999：1996　Information and Documentation -Guidelines for the Content, Organization and Presentation of Indexes. p.3-4.

17）The Chicago Manual of Style.　14th ed., Univ. of Chicago Press，1993, p.703.

18）藤田節子．料理本の巻末索引の調査分析．情報の科学と技術．2017, 67(2), p.82-88.

19）山﨑久道．情報貧国ニッポン：課題と提言．日外アソシエーツ，2015，p.147.

20）Business Book Award ビジネス大賞 2018：今読むべきビジネス書はコレ！. http://biztai.jp/ 2018/senkou.html，（参照 2019-08-01）.

21）山﨑久道．情報貧国ニッポン：課題と提言．日外アソシエーツ，2015，p.147-148.

22）ハーバード大学出版局、コロンビア大学出版局などの出版社と、日本の出版社の間の翻訳出版契約書に、このような記述がされています。

23）藤田節子．図書の索引作成の現状：編集者と著者への調査結果から．情報の科学と技術．2018, 68(3), p.135-140.

24）鈴木哲也，高瀬桃子．学術書を書く．京都大学学術出版会，2015，p.21.

25）藤田節子．図書の索引作成の現状：編集者と著者への調査結果から．情報の科学と技術．2018, 68(3), p.135-140.

26）Drisdelle, Rosemary.　Parasites：Tales of Humanity's Most Unwelcome Guests. University of California Press, 2010，p.259.

27）American Society for Indexing. ASI Excellence in Indexing Award. https://www.asindexing.org/about/awards/asi-indexing-award/,（accessed 2019-06-30）.

28）ISO999：1996　Information and Documentation-Guidelines for the Content, Organization and Presentation of Indexes. p.6.

29）Wellisch, Hans H.＂Index: the word, its history and meanings＂. Indexing from A to Z. 2nd ed., H.W.Wilson, 1996, p.205-206. 戸田慎一，宮部頼子訳．＂'Index' その語源，意味，用法＂.書誌索引展望．1989, 13(2)，p.16-17.

30）松井簡治．図書の索引．國學院雜誌．1898，4(3)，p.234.

31）堀込静香．書誌と索引．日本図書館協会，1990，p.93.,（図書館員叢書 19）. 稲村徹元．索引の話．日本図書館協会，1977，p.39-40.

32）松井簡治．図書の索引．國學院雜誌．1898，4(3)，p.229-230. ここで松井は＂索引によりて無益の労を省かんとするは、器械運用につきて最も必要なるは、今更言ふを待たざるべし。洋書を読む者は何人も知るなるべし。巻末には皆インデキス（Index）ありて、巻中の重なる文字熟語を掲げ、又コンコルダンス（Confordance）ありて、引用の書巻など詳に頁数を記し、読者の検閲の便に供へたり。然るに和漢の書には斯かる便益

43

第1章　索引とは

少なければ、一語一句の捜索にも幾多の手数と時間とを浪費するなり。"と書いています。

33）森鼻宗次編. 外科診断学. 松村九兵衛, 1882, 437p. http://dl.ndl.go.jp/info:ndljp/pid/835669, （参照 2019-06-30）.

34）紀田順一郎. "索引の思想". 本の環境学. 出版ニュース社, 1975, p.67-83.（紀田順一郎　書物評論集）.（この中で紀田は "索引は一国の書物文化のバロメーターともいえる" と述べている）山本七平. 虚学は "索引のない本". 日本経済新聞社, 1976-04-05, 朝刊, p.11.（この記事の中で山本は "索引のない本は目のない巨人" と例えている）そのほか, 稲村徹元. 索引の話. 日本図書館協会, 1977, p.35-39.、福永智子ほか. わが国の単行書巻末索引の実態. 書誌索引展望. 1990,14(3), p.1-22.、根岸隆. 本の索引について. 学士会会報. 1999, (824), p.91-94.、山﨑久道. 情報貧国ニッポン：課題と提言. 日外アソシエーツ, 2015, p.146-152. などに索引の少なさについて記述があります。

35）稲村徹元. 索引の話. 日本図書館協会, 1977, p.39.

36）戸田光昭. 索引の研究（5）：観光情報資源としての旅行ガイドブックと索引（その1）. 文化情報学：駿河台大学文化情報学部紀要. 2001, 8(2), p.85.

37）美作太郎. 索引と著作権. 書誌索引展望. 1982, 6(4), p.1-6.

38）タウンページデータベース事件. 東京地裁判決, 2000-03-17, 平成8（ワ）9325. 最高裁ホームページ, 裁判例情報データベース. http://www.courts.go.jp/app/files/hanrei_jp/286/013286_hanrei.pdf,（参照 2019-06-30）. 末吉亙. データベースと著作権. 情報管理. 2012, 55(2), p.125-126. https://www.jstage.jst.go.jp/article/johokanri/55/2/55_2_125/_pdf/-char/ja,（参照 2019-06-30）.

39）出版権設定契約ヒナ型 2015 年版. 日本書籍出版協会ホームページ. http://www.jbpa.or.jp/publication/contract.html,（参照 2019-06-30）.

40）University of Manitoba Press. "12 Index", Letter of Agreement. p.4. http://umanitoba.ca/legal_counsel/agreements.html,（参照 2019-06-30）.

41）Maven House Press. "The manuscript: Artwork, permissions, index, and other materials". Book Publishing Agreement. p.3. http://mavenhousepress.com/wp-content/uploads/2012/09/Maven-House-Hybrid-Contract-Sample.pdf,（参照 2019-06-30）.

第2章 索引の構造

1. 索引項目

1.1 構成要素と機能

索引は、索引項目を一つの単位として構成されています(図2参照)。

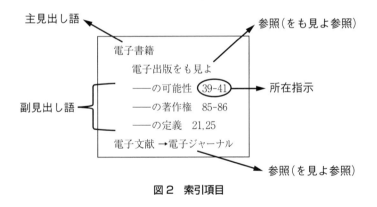

図2　索引項目

索引項目は、主見出し語、副見出し語、所在指示、参照の四つの要素で成り立っています。これらの要素が、それぞれ一定の規則の下に配列されて、索引となります。

多くの場合、主見出し語と、その下の副見出しは五十音順やアルファベット順で配列されます。主見出し語や副見出し語のあとに続く所在指示は、昇順(小さい数字から大きい数字へ)に並びます。この配列については、第3章で

第2章　索引の構造

詳しく述べます。

　これらの索引項目のうち、主見出し語とその下の副見出し語は、階層構造を持っています。副見出し語の下に、さらに副々見出し語がある場合もあります。この階層構造は、主見出し語を細分化したり、一つの主見出し語のもとに副見出し語をまとめたりすることによって、読者をより特定的な見出し語に、適切かつ迅速に導きます。

　主見出し語と副見出し語、所在指示は、索引の外の本文につながっています。

　それに対して、参照は、主見出し語と主見出し語との関係、あるいは主見出し語と副見出し語との関係などを示し、所在指示を伴いません。参照は、索引の中の見出し語の関係性を示しています。

　参照には、「を見よ（see）」参照と、「をも見よ（see also）」参照があります。

　「を見よ」参照は、読者が索引で使用していない見出し語を引いたときに、索引にある見出し語に導きます。たとえば、「引用文献」という見出し語を引くと「出典を見よ」と書いてあり、「出典」の見出し語を見ると、そこに所在の頁を見つけることができます。

　「をも見よ」参照は、読者が引いた見出し語に関係のある見出し語に、読者を案内します。たとえば「図書」と引くと、所在指示が示されているのですが、さらに「古書をも見よ」と案内されます。そこで「古書」に関する記述を読むことで、「図書」に関することがさらによく理解できます。

　このように、参照は、直接本文の所在指示を示すのではなく、あくまでも、索引の中の見出し語の間の関係を整理して、読者を適切な見出し語に導きます。すなわち、索引は、主見出し語と副見出し語で、索引項目内の上下関係を示し、参照で他の索引項目との関係を示して、本の中のさまざまな情報を関係づけながら、読者に本文の所在を示す役割を果たしています。索引は、まさに本の中の情報の案内であり、情報の体系化をしているのです。

1.2　索引項目は辞書ではない

　したがって、見出し語のあとに英文や解説を付記して、辞書のような機能を含めることは、索引の役割ではありません。

　たとえば、「索引項目」という主見出し語のあとに「（entry）」という英語を

46

付加したり、「見出し語と参照、所在指示からなる、索引を構成する基本単位」といった定義や解説を記述することはしません。

【例】 ×索引項目（entry）
見出し語と参照、所在指示からなる、
索引を構成する基本単位………12, 34
○索引項目 ………………………12, 34

ただし、「NRC（U.S. Nuclear Regulatory Commission）」のように、読者が索引でその見出し語を引いたときに、英語がないと識別することがむずかしいと判断した場合には、見出し語のあとに補足説明をすることがあります。

もし、英語などの言語で見出し語を引く必要性があるならば、欧文索引を別に作ります。また、本文中で使われた用語の意味を一覧させたいならば、別に用語集を作成し、必要ならば、用語集の用語を索引の見出し語に選択すればよいでしょう。

1.3 索引項目の言語

索引項目に使用する言語は、本文の言語および記号を使用します。

したがって、日本語で書かれた本は、日本語と日本語で使われる記号を用います。日本語の本でも、異なる言語で記述されている場合は、和文索引とは別に、その言語や記号の索引、たとえば欧文索引などを作成します。

なお、欧文索引の見出し語の大文字・小文字の使用は、言語の慣習に従いますが、見出し語の初字は、固有名詞を除いて、通常は小文字を使用します。

2. 見出し語

見出し語は、原則として一つの見出し語で一つの主題を表わします。

見出し語は、通常読みの五十音順に並ぶので、見出し語の最初の語が何になるかは索引を引くうえで大切です。特に、主見出し語は、読者が一番はじめにアクセスするポイントですから重要です。

見出し語は、原則として名詞あるいは名詞句を用い、主題を表わす語や人名、

第2章　索引の構造

地名、機関名などの固有名詞を含みます。見出し語に形容詞や動詞などの修飾語がつくこともありますが、形容詞や動詞だけが、見出し語になることは、通常はありません。形容詞や動詞がついた名詞も、できるだけ簡潔な名詞にします。

【例】　×大きな災害
　　　　○大災害

ただし、その分野で確立した語として修飾語を含む名詞句がある場合などでは、見出し語となります。

【例】　公正な慣行　［著作権法で用いられている言い回し］

主見出し語は、原則として名詞か名詞句ですが、副見出し語については、形容詞や動詞、助詞がつくことがよくあります。

【例】　新聞記事
　　　　───を探す
　　　　───を見直す

見出し語の表記には、通常の名詞や名詞句のほかに、下記のような3種類があります。

(1)　限定詞

見出し語の表記（漢字部）が同じで、意味が異なる語の場合には、意味を限定するために限定詞をつける場合があります。限定詞は、同形異義語を区別し、語の意味を明確にする役割があります。通常は、見出し語のうしろに丸括弧をつけて記述します。

【例】　レース（アパレル）
　　　　レース（スポーツ）

【例】　洋画（映画）
　　　　洋画（絵画）

2. 見出し語

【例】邦楽（伝統音楽）

邦楽（ポピュラー音楽）

【例】 IR（Integrated Resort：統合型リゾート）

IR（Investor Relations：投資家向け広報）

（2）　複合見出し語

　一つの見出し語で、どうしても二つの語を関係づけて主題を表わさなければ
ならないときは、中黒「・」や「と」を間において、見出し語とする場合もあ
ります。これを複合見出し語といいます。この場合は、それぞれの語に所在指
示を付したり（これをダブルポスティングといいます）、参照をつけて、読者
がどの語からアクセスしてもたどり着けるようにします。ダブルポスティング
については、本章の 6.3「を見よ」参照（5）（p.66）で説明しています。

　たとえば「レポート・論文」という複合見出し語は、語順を逆にした「論文・
レポート」という複合見出し語を作成して所在指示を示すか、あるいは「論
文」を主見出し語に立てて、「レポート・論文」を「を見よ」参照させます。

【例】　レポート・論文　156

論文・レポート　156

論文　→レポート・論文　　［「論文」は「レポート・論文」を見よ］

（3）　倒置

　複合語や修飾語を伴った見出し語では、読者が探しやすいように、見出し語
を倒置することがあります。この場合も、倒置した語、倒置しない語のそれぞ
れに所在指示を付したり、参照をつけます。

　たとえば、「質問，一般的な」という見出し語は、倒置しない見出し語「一
般的な質問」という見出し語に同じ所在指示を記述するか、あるいは「質問，
一般的な」を参照させます。

【例】　質問，一般的な　213-214

一般的な質問　213-214

一般的な質問　→質問，一般的な　　［「一般的な質問」は「質問，一般的な」
　　　　　　　　　　　　　　　　　　を見よ］

49

第**2**章　索引の構造

【例】　光ファイバーケーブル，マルチモード　112

マルチモード光ファイバーケーブル　112

マルチモード光ファイバーケーブル

→光ファイバーケーブル，マルチモード

3．主見出し語と副見出し語

3.1　見出し語の分割

　下記の例のように、見出し語に多くの所在指示が並んでいると、読者は目的の情報を探すのに時間がかかってしまいます。索引は、読者に容易で迅速な情報へのアクセスを提供するものですから、これでは、その目的に反してしまいます。

【例】　×出版権　76, 79-88, 84, 88, 148, 153,

155-157, 158, 160, 211, 215-218,

256, 269-278

　そこで、一つの見出し語に、所在指示が多く並ぶ場合は、見出し語を分割し、副見出し語を作成し、読者を迅速に適切な情報に導きます。出版されている欧米の索引に関する本を調べると、だいたい五つから七つの所在指示が並ぶ場合には分割すると書かれていて、そのあたりが一般的な目安となる数のようです[1]。

　私の経験に照らしても、同じ見出し語の下に、六つか七つくらいの所在指示がある場合には、内容がまったく同じではなく、副見出し語に分割できる場合が多いように思います。読者の立場としても（人にもよりますが）、七つまでくらいの所在指示を繰ると、少々うんざりしてくるのではないかと思います。

　所在指示の数をいくつにするかは、本の内容や出版社の方針などに基づいて決めればよいと思いますが、少なくとも六つか七つくらいの所在指示が並ぶ主見出し語がある場合は、副見出し語に分割できるか検討するべきだと思います。

3. 主見出し語と副見出し語

【例】○出版権　76, 79-88　［主見出し語に所在指示がある場合］
　　　　――と著作者人格権　158
　　　　――の譲渡　84, 158
　　　　――の消滅　155-157
　　　　――の侵害　269-278
　　　　――の制限　211, 215-218
　　　　――の設定　88
　　　　――の存続期間　256
　　　　――の登録　148, 153, 160

　この場合の主見出し語には、該当する情報内容が本文にあれば、所在指示が示されますが、ない場合は示されません。しかし、副見出し語には、必ず所在指示が示されます。

　また、索引作成や編集の段階で、同じ見出し語が別の場所にあることに気がつくことがあります。この場合も、主見出し語と副見出し語を使って、整理します。

【例】×雑誌記事の書き方　111-112
　　　　雑誌記事の基本形　109-111
　　　　　　　：
　　　　投稿中の雑誌記事　36

【例】○雑誌記事　　　　　　［主見出し語に所在指示がない場合］
　　　　――の書き方　111-112
　　　　――の基本形　109-111
　　　　投稿中の――　36

3.2　同じ単語が含まれた見出し語

　副見出し語は、あくまで主見出し語の内容を分割するのであって、下記の例示のように、単に同じ語が含まれた見出し語をまとめるのではありません。

第**2**章　索引の構造

【例】 ×情報
　　　　——管理
　　　　——検索
　　　　——システム
　　　　学術——

　「情報」「情報管理」「情報検索」「情報システム」「学術情報」には、「情報」という単語が含まれていますが、それぞれ別の独立した主題内容を表わしていますから、それぞれ別々の見出し語として扱います。

【例】 ○学術情報
　　　　情報
　　　　情報管理
　　　　情報検索
　　　　情報システム

3.3　副見出し語と分類

　また、副見出し語は、主見出し語を階層分類するのではありません。たとえば、料理の本では、下記のような材料別索引が見られますが、これは、レシピ名を、分類した材料名の下に並べようとしたものです。このような索引では、読者があらかじめ分類体系を知らなければ、索引を引くことができません。

【例】 ×野菜
　　　　根菜類
　　　　　ごぼう
　　　　　大根
　　　　　人参
　　　　果菜類
　　　　　大豆
　　　　　トマト
　　　　葉茎菜類
　　　　　アスパラ
　　　　　カリフラワー
　　　　　玉ねぎ

索引は、読者が思いついた語で直接引けるものです。「ごぼう」や「トマト」を主見出し語とし、必要に応じて副見出し語を作成します。

【例】○アスパラ
　　　カリフラワー
　　　ごぼう
　　　大根
　　　大豆
　　　玉ねぎ
　　　トマト
　　　人参

3.4　副見出し語の表記

副見出し語に、主見出し語が繰り返し現われる場合には、これまでにも記述してきたように、2倍ダーシ（下記の例に出てくる「──」のこと）を用いて、主見出し語の繰り返しを省略します。これは、文部科学省が、情報流通の円滑化を図ることを目的として制定した科学技術情報流通技術基準『SIST13：1992 索引作成』[2] でも用いられている表記です。

繰り返される主見出し語が、語の先頭だけでなく、中間や末尾にあっても、省略してわかるならば省略します。記述の順番は、先頭の主見出し語を省略した副見出し語を先に配列し、そのあとに中間や末尾を省略した副見出し語を五十音順に配列します。

【例】○索引
　　　──の原理
　　　──の種類
　　　──の定義
　　　意味のない──の付与
　　　システムとしての──
　　　辞典の──

ただし、副見出し語の先頭や語尾にある助詞や接続詞などは、わかるならば省略して構いません。

第2章　索引の構造

【例】○索引
　　　意味のない——の付与
　　　原理
　　　システム
　　　辞典
　　　種類
　　　定義

4.　固有名詞の見出し語

　見出し語には、人名、機関名、地名、資料名、事件名、物質名、商品名など、さまざまな固有名詞が含まれます。

4.1　人名

　索引では、人名の見出し語は姓名の順で記述します。これは、書誌や索引では、国際的なルールとなっています。日本語の索引でも、すべての人名は、原則として日本人名と同様に姓名の順で統一します。

　したがって、本文には、姓や名のみ、あるいは通称などで記述されていても、姓名の順で完全な形で見出し語とします。特に、外国人名は本文では名姓の順（例：マルコ・ポーロ）で記述される場合も多いのですが、索引では、姓名の順に倒置して、コンマで区切ります（例：ポーロ, マルコ）。また、外国人名は、原綴りが同じでも、日本語読み表記が異なる場合がありますから（例：スティーヴン、スティーブン、ステファン）、欧文索引として原綴りで示す場合もあります。

　しかし、一般的に名から引くと思われる場合には、「を見よ」参照するか（例：ポーロ, マルコ　→マルコ・ポーロを見よ）、ダブルポスティングをするとよいでしょう。

【例】［和文索引の場合］
　　　鴎外［本文］　　　　森鴎外［索引］
　　　ダーウィン［本文］　ダーウィン, チャールズ［索引］
　　　　　　　　　　　　　ダーウィン, C.［索引］

54

4. 固有名詞の見出し語

【例】［欧文索引の場合］

ダーウィン［本文］　　　　　　Darwin, Charles［索引］

スティーヴン・キング［本文］　King, Stephen［索引］

　　　　　　　　　　　　　　　King, S.E.［索引］

　また、本文には「メンデルは、えんどう豆を使って交配実験を行ない……」のように記述されているにもかかわらず、和文索引の主見出し語には下記のように、原綴りや生没年を併記する索引を見かけることがあります。索引は、本文の記述の所在を示すもので、人名事典ではないので、読者が主見出し語の人名で十分識別できるならば、原綴りや生没年を記述する必要はありません。ただし、一般的に有名ではない人物で、和文索引のカタカナだけでは原綴りが想定できない人や、原綴りの発音をカタカナで表記することが本来不可能なような人などは、丸括弧で囲って原綴りを補足することは必要に応じて行ないます（4.5 補足説明 p.57 参照）。

【例】×メンデル　Mendel，Gregor J.

　　　（1822-1884）　210, 253

　人名の原綴りを併記すると、下記のように、主見出し語の行が長くなり、索引を見にくくし、さらには頁数がかさんでしまいます。もし、読者が原綴りで引くと考えるならば、欧文索引を別に作成します。あるいは、人名の一般的なカタカナ読みを和文索引の見出し語として、欧文索引に「を見よ」参照する方法もあります。

【例】×アインシュタイン，アルベルト　Einstein,

　　　Albert　108, 115-118,

ケネディ，ジョン・F.　Kennedy, John F.

　　　151

ダーウィン，エラズマス　Darwin, Erasmus

　　　24, 35, 39

ダーウィン，チャールズ　Darwin, Charles

　　　35, 36-38

55

第**2**章　索引の構造

【例】［和文索引］

　　　○アインシュタイン，アルベルト　108, 115-118
　　　　ケネディ，ジョン・F.　151
　　　　ダーウィン，エラズマス　24, 35, 39
　　　　ダーウィン，チャールズ　35, 36-38
　　　［欧文索引］
　　　○ Darwin, Charles　35, 36-38
　　　　Darwin, Erasmus　24, 35, 39
　　　　Einstein, Albert　108, 115-118
　　　　Kennedy, John F.　151

【例】［和文索引］

　　　○アインシュタイン　→ Einstein, Albert
　　　　ケネディ　→ Kennedy, John F.
　　　　ダーウィン，エラズマス　→ Darwin, Erasmus
　　　　ダーウィン，チャールズ　→ Darwin, Charles
　　　［欧文索引］
　　　○ Darwin, Charles　35, 36-38
　　　　Darwin, Erasmus　24, 35, 39
　　　　Einstein, Albert　108, 115-118
　　　　Kennedy, John F.　151

4.2　地名

　地名も、人名と同様に、本文では通称などで記述される場合があります。このような場合でも正式な地名を見出し語とし、必要に応じて、参照をつけます。

【例】　四国三郎［本文］　　四国三郎［索引］　吉野川［索引］

　異なる地域が同じ地名で記述される場合には、区別ができるように補足したり、限定詞をつけて見出し語とします。

【例】　福島［本文］　　　福島県［索引］
　　　　ボストン［本文］　　ボストン（イギリス）［索引］

56

4.3 資料名

図書や論文などの資料名は、記号やフォントを使って、一般名詞と区別をします。和文では二重鉤括弧、欧文ではイタリック体がよく使われます。和文索引において、同名資料がなく、読者が見出し語の識別ができるならば、原書名を付記する必要はありません。

【例】 × 『ネイチャー』Nature
　　　 ○ 『ネイチャー』
　　　 ○ *Nature*

4.4 同名の人名や地名、組織名

同名の人名や組織名、地名などは、限定詞で区別します。人名は、職業や生没年など、組織名は所在地、地名は識別可能な広域の地名を用いて区別します。

【例】 松本幸四郎（九代目）
　　　 松本幸四郎（十代目）

【例】 池田町（長野県）
　　　 池田町（北海道）

4.5 補足説明

固有名詞の見出し語では、読者の識別の利便性を促すために、必要に応じて説明を補足することもできます。たとえば、組織名や人名、地名では、その略語や正式名称、原綴り、あるいは資料のタイトルでは、著者名、原綴り、出版年などを、丸括弧で囲んで説明すると、読者にわかりやすい見出し語となります。ただし、索引は前述のように用語集ではないので、一般用語や判別が容易にできる人名や組織名（例：UNESCO）まで、情報を補足する必要はありません。

【例】 ANSI（American National Standards Institute）
　　　 American National Standards Institute（ANSI）
　　　 『蝉しぐれ』（三浦冨美子）［同じ書名があるため補足する］

第2章　索引の構造

5. 所在指示

　所在指示は、その索引項目が本のどこに書かれているかを示すものです。

　頁番号のほか、章の番号や段落の番号など、該当箇所にアクセスするのに便利な情報を使用します。頁番号以外で所在を示す場合には、凡例にその旨記述しておきます。凡例の書き方については、7.凡例 p.71 で詳しく述べます。

　【例】　索引　4.4.2　［所在指示を章.節.項番号で示す］

　一つの主見出し語、副見出し語の下に、六つあるいは七つ以上の所在指示が並ぶ場合は、副見出し語を使って分けられないか検討します（3.1 見出し語の分割 p.50 参照）。

5.1　表記

　所在指示は、原則として本文の頁表記のとおりのフォントで記述します。

　頁表記は、本文が横書きの場合は、たいていアラビア数字が使われています。本文が縦書きで頁表記に漢数字が使われている場合でも、索引では、アラビア数字を使うことがあります。

　所在指示は、見出し語に関する情報が書かれている本文の位置と範囲を示します。情報が現われた開始の頁だけを記述している索引をしばしば見かけますが、始めの頁だけでは、どこまでその内容が書かれているか判断がつきませんし、主たる議論がどこにあるかを読み取ることができません。

　すなわち、所在指示は、見出し語がある頁を示すのではなく、見出し語で代表される内容が、本文の中で議論されている範囲を示すものだということです。議論が続いているならば、始めの頁と終わりの頁を示します。

　【例】　×コミュニケーション　8, 40, 112
　　　　　○コミュニケーション　8-9, 40, 112-115

　本文の頁が段組みされていて、上段下段あるいは右段左段のように分かれている場合には、段の位置を「180上」「180右」「180a」「180L」（左段の意）のように指示すると、時間をかけず、容易に該当部分にアクセスできます。

58

本文の該当箇所と、所在指示の記述のしかたについては下記のとおりです。

(1) 該当する内容が一つの頁に収まっている場合は、その頁数を記述します。

【例】 145

(2) 該当する内容が複数の頁にまたがる場合は、始めの頁数から終わりの頁数を記述します。

【例】 145-146

(3) 該当する内容が、飛んでいる場合は、各頁数をコンマで区切って記述します。

【例】○ 145, 146, 147
　　　× 145-147

たまに、一つの章に頻繁に出現する人物やトピックに対して、「第5章頻出 (187-236)」「187-236 passim」のように、まとめて記述される場合があります。このような記述は、索引としての意味がなく、できるだけ避けるべきだと考えます。もし、一つの主見出し語の下に所在指示が並ぶ場合には、副見出し語を使って、読者がアクセスしやすいようにします。

【例】×徳川家康　第1章頻出 (3-23), 83
　　　×徳川家康　3, 4, 10, 12, 16, 21, 23, 83
　　　○徳川家康　3, 4
　　　　　禁教　21
　　　　　経済改革　23
　　　　　小牧山の戦　10
　　　　　関ヶ原の戦　12
　　　　　東照宮　16
　　　　　文芸復興　83

第2章　索引の構造

5.2　表記の省略

　所在指示の頁数は、完全な形で表記するのが、最もわかりやすく簡便だと考えます。

　しかしながら、所在指示の頁数の桁数が多い場合は、索引頁を少なくするために、省略する方法もあります。『シカゴ・マニュアル』では以下のように規定されています[3]。

(1) 始めの頁番号が 100 未満は省略しない。

　　【例】　5-10　26-29　98-101

(2) 始めの頁番号が 100 と 100 の倍数は省略しない。

　　【例】　100-101　1100-1113

(3) 始めの頁番号が 101-109、201-209 などの場合は違うところだけ表記する。

　　【例】　101-105 は 101-5、204-233 は 204-33、1104-1109 は 1104-9 と省略する。

(4) 始めの頁番号が 110-199、210-299 などの場合は、下 2 桁を表記する。3 桁以上違う場合は違った桁を全部表記する。

　　【例】　257-258 は 257-58、398-432 はそのまま、1136-1138 は 1136-38、1495-1501 は 1495-501 と省略する。

　あるいは、単純に初めの頁番号と比較して、一致しない桁の頁数だけを記述し、その前の桁を省略する方法もあります。

【例】　26-29　→ 26-9　　100-110　→ 100-10

　なお、章番号を使用した所在指示でも、省略のルールは使いますが、ローマ数字の所在指示は省略しません。

60

5.3 配列

本文頁が、アラビア数字でも、序文や前書きの頁は、ローマ数字の小文字（例：ⅰ）で表記されていたり、補遺が「A-1」のように、別建ての記号で示されていたりする場合があります。いずれにしても、所在指示の形態が複数ある場合は、本の頁数の記述の順番に、数字の小さいものから大きいものへ順に並べ、各頁数の間は、通常コンマで区切ります。

【例】　ⅵ, 5-6, 102-111, A-4

5.4　フォントや記号による区別

図表、写真、注など文章以外の形態への所在指示や、特に重要度が高い内容の所在指示は、読者がひと目で識別ができるように表記を工夫します。

たとえば、所在指示のあとに、図表、写真、注などがわかる文字を入れる方法があります。

【例】　54図　あるいは　54（図）
　　　　129表　あるいは　129（表）
　　　　214写　あるいは　214（写）
　　　　268f　［f は figure の略で図を表わす］
　　　　169t　［t は table の略で表を示す］
　　　　35注
　　　　58注2　［2 は注番号を示す］
　　　　69n　［n は note の略で注を示す］
　　　　89n5　［5 は注番号を示す］

また、フォントを変えて区別する方法もあります。

特に重要度の高い内容を述べている頁は、ゴシック体やイタリック体、あるいはアンダーラインで示すことがあります。所在指示が、複数羅列されている場合は、このような工夫をすると読者にたいへん便利です。

【例】　2, **47-50**, 62, 132-33
【例】　2, *47-50*, 62, 132-33
【例】　2, <u>47-50</u>, 62, 132-33

第**2**章　索引の構造

所在指示のイタリック体は、図表を表わす場合にも使われる方法です。

【例】　69-70, *98*, 105-106　［イタリック体は図表の頁を表わす］

このように、記号や書体、フォントを変えて所在指示を区別する場合は、必ず凡例に使用のルールを記述します。そうしないと、読者に記号や書体の意味が伝わりません。

6. 参照

参照は、索引の中を案内するもので、直接本の中の情報にアクセスするためのものではありません。わが国の索引には、参照のある索引が少ないようですが、読者の利便性を高めるためには、欠かせない要素です。参照があって、初めて索引としての機能が達成できるといってよいでしょう。

6.1　種類と表記

参照には、「を見よ」参照と「をも見よ」参照があります。

わが国では、「を見よ」参照に「→」の記号を使う例が多いようです。また「を見よ」と言葉で記述する例も見かけることがあります。欧文の場合は、「see」を使います。本書の例示では、「→」を使います。

一方、「をも見よ」参照を示す記号は、『SIST13：1992 索引作成』[4] では「⇒」が使われています。図書館情報学分野では「→：」を良く見かけます。また「を見よ」と同じように「→」を使っている索引もあります。いずれも、一般的な記号として定着しているものはないように思います。なお、欧文では「see also」を使います。

【例】　叢書　→シリーズ　　　　［叢書はシリーズを見よ］
　　　　叢書
　　　　　シリーズを見よ
【例】　古書　78　⇒リサイクル　［古書はリサイクルをも見よ］

参照は、主見出し語、副見出し語の両方に、必要に応じて付与され、どちらも参照元になります。

また、主見出し語と主見出し語の間だけでなく、主見出し語から副見出し語、副見出し語から主見出し語、副見出し語から副見出し語へと参照の指示をすることができます。

【例】　自由利用　104-108,112

　　　　相続　88

　　　　　一身専属　76

　　　　　相続人　90-91

　　　　知的財産権　56-58

　　　　著作権　3, 8, 33-35

　　　　　⇒知的財産権　［主見出し語から主見出し語への「をも見よ」参照］

　　　　　——の使用　150

　　　　　——の譲渡　42, 100-104

　　　　　——の制限　→自由利用　［副見出し語から主見出し語への「を見よ」参照］

　　　　　——の相続　20

　　　　　　⇒相続：一身専属　［副見出し語から副見出し語への「をも見よ」参照］

参照先が副見出し語の場合は、まず主見出し語を示して、そのあとに副見出し語を記述すると探しやすくなります。参照の主見出し語と副見出し語の間は、コロンで区切ったり、ハイフンを使います。欧文索引では、「see under」や「see also under」も使われます。

なお、複数の索引がある場合は、参照先が別の索引でもかまいません。たとえば、和文索引の見出し語から、欧文索引の見出し語に参照をすることもできます（4.1 人名 p.56【例】参照）。

6.2　複数の参照先

一つの見出し語に、参照先が複数ある場合もあります。その場合は、参照の見出し語を五十音順に並べて、セミコロンなどの記号で区切ります。

第2章　索引の構造

【例】　大学　→京都大学；シカゴ大学；ハーバード大学
　　　　［大学については、主見出し語「京都大学」「シカゴ大学」「ハーバード大学」
　　　　を見よ］

【例】　著者名　24
　　　　⇒個人著者名；団体著者名
　　　　［著者名については24頁に記載されているが、主見出し語「個人著者名」
　　　　「団体著者名」をも見よ］

6.3　「を見よ」参照

（1）　役割

　「を見よ」参照は、見出し語に使われていない語から、使われている見出し
語に導く役割を担っています。

　読者が本文で使っている語や語句と違う語で探すと予測できる、あるいは本
文の中で同じ事柄を違う語で表現している場合に、索引作成者は、その中の一
つの語を選んで、その他の語は「を見よ」参照を指示します。「を見よ」参照は、
本文中の語と読者が探すだろう語を一致させる役割を持っています。

　「を見よ」参照の参照元には所在指示はありませんが、参照先には必ず所在
指示がなければなりません。また、「を見よ」参照は、「をも見よ」参照と、同
時に記述されることはありません。つまり、「を見よ」参照の見出し語には、
所在指示も「をも見よ」参照もありません。

（2）「を見よ」参照の見出し語

　主な「を見よ」参照となる見出し語は、下記のような場合です。

① 同義語（例：司書　→図書館員）
② 略語・頭字語と正式名称（例：NHK　→日本放送協会）
③ 別称・通称などと正式名称（例：スマホ　→スマートフォン）
④ カタカナ語と日本語（例：インデックス　→索引）
⑤ 翻訳語と原綴り（例：エクセル　→ Excel）
⑥ 読みの違い（例：競売→競売）
⑦ 外来語の表記の揺れ（例：ヴィーナス　→ビーナス）

64

⑧ 複合見出し語（例：論文　→レポート・論文）

⑨ 倒置した見出し語（例：一般的な質問　→質問，一般的な）

⑩ 上位語（例：椅子　→家具）

⑪ 地名の変更（例：北巨摩郡　→北杜市）

⑫ 人名、機関名の変更（例：東京三菱 UFJ 銀行　→三菱 UFJ 銀行）

このほかにも、「を見よ」参照に該当する見出し語はいろいろとあります。

（3）　表記

主見出し語から主見出し語へ参照する場合は、下記のように記述します。

【例】　書籍　→図書
図書　35, 69-80, 102

副見出し語から主見出し語へ参照する場合は、下記のように記述します。

【例】　雑誌　35, 102
送り手　86
種類　69-80
調べ方　→雑誌記事索引

副見出し語へ参照する場合は、下記のように、文章で表わしたり、コロンやハイフンなどの記号を使って、参照する副見出し語を記述します。

【例】　雑誌　→逐次刊行物の下を見よ
雑誌　→逐次刊行物：定期刊行物
雑誌　→逐次刊行物 – 定期刊行物

（4）　「行き止まり参照」と「堂々巡り参照」

「を見よ」参照で気をつけなければならないのは、「行き止まり参照」と「堂々巡り参照」です。

行き止まり参照とは、「を見よ」参照で案内された見出し語を探しても、その見出し語がない参照を指します。

堂々巡り参照とは、「を見よ」参照で案内された見出し語を引くと、また「を

第2章　索引の構造

見よ」参照になっている、つまり「を見よ」参照が堂々巡りをする参照を指します。

【例】× NHK　→日本放送協会を見よ
　　　日本放送協会　→ NHK を見よ

【例】○ NHK　→日本放送協会を見よ
　　　日本放送協会　110, 124

【例】×盲導犬　→ゴールデン・レトリバーを見よ
　　　ゴールデン・レトリバー　→レトリバーを見よ
　　　レトリバー　58, 145-150

【例】○盲導犬　→レトリバーを見よ
　　　ゴールデン・レトリバー　→レトリバーを見よ
　　　レトリバー　58, 145-150

つまり、「を見よ」参照では、参照先の見出し語には、所在指示が必ず付与されていなければならないということです。

「行き止まり参照」と「堂々巡り参照」は、索引の編集や校正段階で、注意深くチェックする必要があります。

(5)　ダブルポスティング

「を見よ」参照元の見出し語と、「を見よ」参照先の見出し語の両方に所在指示を示す方法を、ダブルポスティングといいます。

ある特定の情報に対して、読者が複数の見出し語から探すと思われる場合は、通常は本文に使われた語を優先して見出し語とし、採用しなかったけれども読者が探すだろうと予想する見出し語に「を見よ」参照をつけます。

たとえば、本文の中では、「パラグラフ」と記述している本があるとします。でも、読者は「段落」という語を探すかもしれません。この場合、「段落　→パラグラフ」のように「を見よ」参照をつけます。

【例】○段落　→パラグラフ
　　　パラグラフ　　15-16, 21

ダブルポスティングとは、「段落」の見出し語に「を見よ」参照の指示をし

66

ないで、「段落」「パラグラフ」の両方にそれぞれ所在指示を示す方法をいいます。

【例】○段落　15-16, 21
　　　　パラグラフ　15-16, 21

　この際の、それぞれの索引項目の形は、同じでなければなりません。このことは、索引の編集や校正の際に注意深くチェックをします。次の例は、所在指示が違っています。

【例】×段落　15-16
　　　　パラグラフ　15-16, 21

　このダブルポスティングは、読者にとっては、回り道をしないで、短時間で求める情報にアクセスできる利点があります。
　一方で、ダブルポスティングは、索引の頁数を増やすという欠点があります。とりわけ、副見出し語や所在指示が多くある見出し語の場合は、同じ内容を両方に示さなければならないので、索引の頁が増加します。

【例】　段落　15-16, 21
　　　　　──の整理　42-46
　　　　　──の長さ　89
　　　　　──の番号　51-53

　　　　パラグラフ　15-16, 21
　　　　　──の整理　42-46
　　　　　──の長さ　89
　　　　　──の番号　51-53

　索引作成の際は、はじめは「を見よ」参照の指示をしておいて、編集の段階で、所在指示の数が少なく、副見出し語もない場合には、索引の全体の頁数も加味し、読者の利便性を考慮して、ダブルポスティングを採用するとよいと考えます。

第**2**章　索引の構造

6.4 「をも見よ」参照

（1）役割

　「をも見よ」参照は、その見出し語に関連する情報、あるいはつけ加えるべき情報に案内する役割を果たします。読者に、その見出し語に関連する、さらなる情報へのアクセスを促すことで、その情報内容がより理解できると判断した場合に付与します。

　したがって、「をも見よ」参照の参照元には、必ず所在指示がなければなりません。

　【例】×受け手　　　　　［見出し語に所在指示がない］
　　　　　⇒利用者
　【例】○受け手　30, 31　［見出し語に所在指示がある］
　　　　　⇒利用者

　「をも見よ」参照は、双方向に付与される場合もありますが、片方向の場合もあります。

　【例】［相互に「をも見よ」参照がつけられる場合］
　　　　受け手　30, 31
　　　　　⇒利用者
　　　　利用者　121-126
　　　　　⇒受け手

　【例】［片方向で「をも見よ」参照がつけられる場合］
　　　　情報探索行動　99
　　　　　⇒情報行動
　　　　情報行動　［「情報行動」には、「情報探索行動」への「をも見よ」参照はない］
　　　　　定義　98-99
　　　　　理論　101-103
　　　　　歴史　105-108

　また、「をも見よ」参照は、所在指示がない「を見よ」参照には参照しないように気をつけてください。

6. 参照

【例】×受け手　30, 31
　　　　⇒利用者　　　　[「受け手」は「利用者」をも見よ]
　　　利用者　→読者　[「利用者」を見ると「を見よ」参照で所在指示がない]
【例】○受け手　30, 31
　　　　⇒利用者　　　　[「受け手」は「利用者」をも見よ]
　　　利用者　56　　　　[「利用者」には所在指示がある]

(2)　「をも見よ」参照の見出し語

　主な「をも見よ」参照となる見出し語は、下記のような関係がある場合で、必要に応じて付与します。

① 類義語・関連語（例：カーテン　⇒ブラインド）
② 反義語（例：公権　⇒私権）
　下記のような上下関係もあります。
③ 類種関係（例：熊　⇒北極熊、地質学　⇒古生物学）
④ 全体と部分関係（例：日本　⇒東京）
⑤ 例示関係（例：湖　⇒琵琶湖）
　そのほか下記のようなさまざまな関係で、必要に応じて付与されます。
⑥ 活動と手段・対象・結果（例：写真　⇒カメラ、釣り　⇒魚、
　作詞　⇒歌詞）
⑦ 原因と結果（例：ウィルス　⇒病気）
⑧ 原料と製品（例：大豆　⇒豆腐）
⑨ 学問分野と研究対象（例：植物学　⇒植物）

(3)　主見出し語からの「をも見よ」参照の位置

　主見出し語の「をも見よ」参照の位置は、索引項目の最後に記述する方法と、主見出し語の所在指示の直後に記述する方法があります。私は、主見出し語の所在指示の直後に記述する方が、見つけやすいのではないかと考えています。なぜならば、副見出し語が多い場合に「をも見よ」参照を見落とす可能性があるからです。

　下記の例では、「本の探し方」を探している読者は、「201-204」を見つけた

69

第2章　索引の構造

ら、最後の「をも見よ」参照の「⇒資料：論文」は見落としてしまい、「資料」
と「論文」の見出し語を探さないかもしれません。

【例】［索引項目の最後に記述する方法］
　　　本
　　　　――の探し方　　201-204
　　　　――の読み方　　246-248
　　　　⇒資料：論文

【例】［参照元の見出し語の一番はじめに記述する方法］
　　　本
　　　　⇒資料：論文
　　　　――の探し方　　201-204
　　　　――の読み方　　246-248

（4）　副見出し語からの「をも見よ」参照

主見出し語からの「をも見よ」参照だけでなく、副見出し語を参照元にする
「をも見よ」もあります。

【例】　調査
　　　　企業・団体　　124, 128
　　　　雑誌記事　　144-147　⇒索引誌
　　　　　　［副見出し語から主見出し語「索引誌」への「をも見よ」参照］

「をも見よ」参照先が副見出し語の場合は、下記のように、文章で表わしたり、
コロンやハイフンなどの記号を使って、参照する副見出し語を記述します。

【例】　雑誌記事　⇒索引誌の下をも見よ
　　　　雑誌記事　⇒索引誌：雑誌記事索引
　　　　雑誌記事　⇒索引誌 - 雑誌記事索引

6.5　包括的参照

参照には、特定の見出し語に導くのではなく、見出し語を包括的に案内する
場合もあります。

たとえば、「社史」については、各出版社名の見出し語をそれぞれ調べると、

各出版社の社史が見つかるという場合に、個別の出版社名を羅列して参照するよりも、「個別の出版社名を見よ」というように、包括的に参照を示したほうが、頁も少なく、わかりやすいと考えられます。

このような包括的な参照を示す場合は、特定の見出し語を指す参照と区別するために、イタリック体などフォントを変えて、それが包括的な参照で、その参照先には実際には見出し語として索引にないことを明確にします。

このようなフォントの意味については、凡例に必ず記載します。

【例】　社史　→*個別の出版社名*

もし、特定の見出し語への参照と包括的な参照の両方がある場合は、見出し語を前に置き、そのあとに包括的な参照を記述します。

【例】　社史　→出版社；*個別の出版社名*　　［「社史」については、「出版社」という
　　　　　　　　　　　　　　　　　　　　　見出し語と個別の出版社名を見なさい］

【例】　盲導犬　　25-36
　　　　⇒日本盲導犬協会；*各犬種名*
　　　　［「盲導犬」については「日本盲導犬協会」と各犬種名をも見なさい］

7. 凡例

凡例は、索引の冒頭に示されます。事項索引や人名索引など複数の索引がある場合は、1番目の索引の前に、すべての索引の凡例をおきます。

索引が標準的な索引様式と異なる場合や、索引の対象が限定されている、特別な記号を使っているなど、読者が事前に知らないと適切に引けなかったり、迷ったりする事柄は、そのすべてについて、必ず凡例に示さなければなりません。凡例は、箇条書きで、項目番号を付与するなどして、簡潔かつ明瞭に記述します。

凡例に記述する項目としては、下記のようなものが挙げられます。

(1)　索引の種類

通常索引は一つなので、複数の索引がある場合に記述します。

第**2**章　索引の構造

【例】索引は、事項索引と人名索引に分かれている。

（2）　索引対象の範囲

索引の対象範囲を記述します。特に、通常索引対象とする範囲の中から除いた部分がある場合は明示します。

【例】本文のみを対象とし、注・図表、補遺は含まれていない。

（3）　見出し語の選択基準や種類

見出し語の選択基準や、どのような種類の語を選択したかを記述します。

【例】本文中に扱われた主な事項、および資料名、システム名、機関・団体名を見出し語としている。

（4）　配列

配列の方法については第3章で詳しく述べますが、通常の配列（五十音順など）と異なる場合は、必ず明示します。特に見出し語に英字や数字、記号が含まれる場合には、配置や配列の規則を記述します。

【例】　和文の見出し語を前置し、見出し語の読みの五十音順に配列した。英文で始まる見出し語は、後置し、見出し語のローマ字およびローマ字書きのアルファベット順に配列した。

【例】　濁音と半濁音は清音と見なし、拗音、促音、外来語の小字は直音と見なした。長音は無視した。

（5）　所在指示

所在指示は、通常は頁番号を用いますが、段落番号や項目番号など、頁番号以外の所在指示を用いる場合には、必ず凡例に記述する必要があります。また、所在指示は、書体やフォントを変えて意味を持たせることも多いので、それについても記述します。

【例】所在指示は「章番号：頁」の形で表わしている。

【例】イタリック体の頁番号は図を表わしている。

7. 凡例

（6）　参照

わが国では、参照のついた索引が少ないこともあり、参照の記号が一般化しているとは言いがたいので、参照の種類やその指示の方法については、凡例に記述したほうがいいと考えます。

【例】参照の指示は、→（を見よ参照）および⇒（をも見よ参照）の記号を用いた。

（7）　使用している記号や略語の種類とその意味

索引には、さまざまな記号や略語などがそれぞれ意味を持って使用されています。記号を使用した場合には、必ずその種類と意味を凡例に記述しなければなりません。

【例】書名は『　』でくくった。
【例】頁のあとの略語 n は注を表わしている。

（8）　使用しているフォントの種類とその意味

索引では、フォントも意味を持って使われます。

【例】ゴシック体の頁番号は、本文中でその見出し語に関する最も重要な内容を示している。

注：引用文献

1）所在指示が 5 以上の見出し語は分割すべきというのは、Mulvany（Indexing Books. 2005, p.85, 93, 224）、5-6 以 上 は the Chicago Manual of Style.（2017, 16.128）、5-7 以 上 は Knight（Indexing, the Art of. 1979, p.105）と American Society for Indexing.（Indexing Evaluation Checklist：Books（accessed 2019-01-28））、6 以 上 は Booth（Indexing. 2001, p.107）と Bonura（The Art of Indexing. 1994, p.29）でした。なお、ISO999：1996（p.12）には数は示されていませんが、例示の中に六つの所在指示が並ぶものがありました（p.22）。

2）"4.3　副見出し". SIST13:1992. 索引作成. https://warp.ndl.go.jp/info:ndljp/pid/12003258/jipsti.jst.go.jp/sist/pdf/SIST13.pdf,（参照 2025-02-28）. SIST とは、文部科学省が、情報

73

第**2**章　索引の構造

　　流通の円滑化を図ることを目的として制定した科学技術情報流通技術基準（Standards for Information of Science and Technology）で、現在は国立国会図書館インターネット資料収集保存事業（WARP）のサイトで入手することができます。

3）"16.14 Inclusive numbers in indexes". The Chicago Manual of Style.　17th ed.,　Univ. of Chicago Press,　2017, p.928.

4）"6.　相互参照". SIST13:1992.　索引作成.　https://warp.ndl.go.jp/info:ndljp/pid/12003258/jipsti.jst.go.jp/sist/pdf/SIST13.pdf,（参照 2025-02-28）.

配列

　索引は、読者が容易に探せるように、規則性のある一定の配列によって並べます。あらかじめ配列の規則を適切に定め、それに則って正確に配列します。配列は、本の主題の体系などを知らなくても、誰でもが容易に理解でき、探すことができるものでなければなりません。

　以下に、通常用いられている配列の規則を示します。独自の配列規則を定めて配列する場合は、必ず凡例で説明します。

1. 見出し語の配列

1.1　配列の種類

　見出し語の配列には、五十音順配列、アルファベット順配列、数字順配列があります。通常、和文索引は、読みの五十音順、欧文索引はアルファベット順に配列します。

　したがって、和文と欧文の見出し語がある場合は、和文索引と欧文索引に分けて配列します。和文索引と欧文索引のどちらを先に配置するかは、議論のあるところだと思います。和文を先に配置する索引も多く見かけますが、『SIST13：1992索引作成』[1]では、欧文を先に配置するように規定しています。

　和文を先に配置すると、アルファベット順配列が最後にあることを、読者が見落とす可能性があるので、欧文索引は、和文索引よりも前に配置したほうがよいのかもしれません。いずれにせよ、必ず目次や凡例で欧文索引があること

75

第3章　配列

を明記する必要があります。

　和文の見出し語で、アルファベットで始まる見出し語（例：B型肝炎）は、欧文の扱いになります。しかし、アルファベットで始まる見出し語の数が少ない場合は、日本語読み（例：びーがたかんえん）にして、和文の見出し語と一緒に配列する場合もあります。

　また、逆に和文で始まって、見出し語にアルファベットが混在している見出し語（例：ビタミンC）は、和文索引に配列します。

　数字で始まる見出し語（例：2-メチルプロパン、21世紀）は、数字の昇順配列で配列され、和文や欧文とは別になります。数字で始まる見出し語は、通常欧文よりも前に配列されることが多いです。数字で始まる見出し語が少ないならば、和文の索引に、日本語読みで「にめちるぷろぱん」「にじゅういっせいき」として、和文の見出し語と一諸に配列することもできます。

　したがって、索引は、数字、欧文、和文見出し語の順か、和文、数字、欧文の見出し語の順で配列されます。なお、見出し語に使われている限定詞の丸括弧（　）や、資料や文献を表わす二重鉤括弧『　』などの記号は、無視して配列します。

1.2　略語・頭字語と数字の読みの問題

　欧文の略語や頭字語、および数字の見出し語を五十音順で配列する場合に、注意しなければならないことは、読みが複数ある場合です。

　たとえば、国際標準化機構（International Organization for Standardization）は、略称を「ISO」といいますが、この日本語読みは「あいえすおー」「いそ」「あいそ」と複数あります。

　数字で始まる見出し語も、同様に複数の読みがある場合があります。たとえば、「007」は「ぜろぜろせぶん」とも「だぶるおーせぶん」とも読みます。

　このように複数の読みがある見出し語を、読みの五十音順で配列する場合には、すべての読みでダブルポスティングするか、参照する必要が生じます。

2. 五十音順配列

　五十音順索引は、原則として見出し語の読みの字順で配列します。現在は、たいてい以下のような規則で配列しています。

2.1　一般的原則
（1）仮名表記の長音は無視します。

　わが国の五十音順索引の長音の扱いは、「国語辞典配列」と「百科事典配列」の2種類があります。「国語辞典配列」では、長音は直前の仮名の母音にあたる仮名と同じ扱いにします。一方、「百科事典配列」は、長音を無視して配列します。

　ここでは、『SIST13:1992 索引作成』[2] や『日本目録規則』[3] などで採用され、また索引類で一般的に用いられていることから、「百科事典配列」を採用しました。どちらの方法で長音を配列しているかは、凡例で示すといいと考えます。

　　【例】　ローカル「ろーかる」　は「ろかる」　［無視する方法：百科事典配列］
　　　　　　ローカル「ろーかる」　は「ろおかる」［母音に直す方法：国語辞典配列］

（2）中黒、空白は無視します。

　　【例】　メディア・プレーヤー「めでぃあ・ぷれーやー」は「めでぃあぷれや」

（3）濁音、半濁音は清音とし、拗音、促音、外来語の小字は直音とします。

　　【例】　触媒「しょくばい」は「しよくはい」
　　　　　　日本「にっぽん」は「につほん」
　　　　　　サッカー「さっかー」は「さつか」

（4）上記の三つの方法で並べたとき、同じ読みで見出し語が複数存在した場合の配列順は、規則を決めて配列します。その規則については、凡例で記述します。

　　一般的に用いられている例は、下記のようなものです。

77

第**3**章　配列

a．長音や記号がある場合は、長音がないもの、記号がないものを優先します。

【例】　匙　　　「さし」
　　　　サージ　「さし」

【例】　科学　　「かかく」
　　　　『科学』「かかく」［雑誌名］

b．清音、濁音、半濁音は、この順に配列します。

【例】　本部　　「ほんふ」［清音：ほんぶ］
　　　　凡夫　　「ほんふ」［濁音：ぽんぷ］
　　　　ポンプ　「ほんふ」［半濁音：ぽんぷ］

c．拗音、促音は、清音の見出し語のあとに配列します。

【例】　使用　　「しよう」［清音：しよう］
　　　　省　　　「しよう」［拗音：しょう］

【例】　五月　　「さつき」［清音：さつき］
　　　　殺気　　「さつき」［促音：さっき］

d．外来語の小字がある場合は、普通の仮名のあとにおきます。

【例】　不安　　「ふあん」
　　　　ファン　「ふあん」

e．片仮名、平仮名、漢字の場合は、この順にします。

【例】　コウジ　「こうし」［かんきつ類］
　　　　こうじ　「こうし」［麹］
　　　　高次　　「こうし」［数学］

f．同じ読みの漢字は、JIS漢字コード順や画数の小さい順などが用いられます。下記の例は、見出し語の初字の画数順です。

【例】　化学　「かかく」「化」4画
　　　　科学　「かかく」「科」9画
　　　　雅楽　「かかく」「雅」13画

2. 五十音順配列

(5) 見出し語の漢字部分と読みが完全に一致する場合は、限定詞を用いて区別し、限定詞を含めて五十音順に配列します。

【例】 ウィルス感染（医学）
ウィルス感染（コンピュータ）

(6) 見出し語の中間や末尾に数字がある場合は、読みではなく、数字順に配列します

【例】 アポロ 12 号「あほろしゆうにこう」
アポロ 13 号「あほろしゆうさんこう」

(7) 見出し語の中間や末尾に、アルファベットが含まれる場合は、読みではなくアルファベット順に配列します。

【例】 ビタミン A 「ひたみんえ」「ひたみん A」
ビタミン B 「ひたみんひ」「ひたみん B」
ビタミン C 「ひたみんし」「ひたみん C」

(8) 文字や数字ではない、その他の記号（コンマ、ピリオド、コロン、セミコロン、2 倍ダーシ、ハイフン、括弧など）は無視します。

【例】 『源氏物語』「けんしものかたり」
ニュートン，アイザック 「にゆとんあいさつく」

2.2 人名の配列

和文で表記された人名の見出し語は、姓名の順になっています（例：村上春樹、キャリー，マライア）。通常は、姓名を区別せずに、読みの五十音順に配列します。しかし、特に人名だけを集めた人名索引では、姓と名を区別して、まず姓の五十音順で配列し、同じ読みの姓がある場合には、名の五十音順に配列する方法があります。

第3章 配列

【例】［姓名を区別しないで、読みの五十音順で配列］

　　　　久保栄子　　　「くぼえいこ」

　　　　久保田麻美　　「くぼたあさみ」

　　　　窪田純一　　　「くぼたじゅんいち」

　　　　久保田美香　　「くぼたみか」

　　　　窪義則　　　　「くぼよしのり」

【例】［姓名を区別して、読みの五十音順で配列］

　　　　久保栄子　　　「くぼ　えいこ」

　　　　窪義則　　　　「くぼ　よしのり」

　　　　久保田麻美　　「くぼた　あさみ」

　　　　窪田純一　　　「くぼた　じゅんいち」

　　　　久保田美香　　「くぼた　みか」

　また、漢字表記の特性を加味して、仮名表記の文字数の少ない漢字から順にグループを作る、いわゆる「電話帳配列」を用いることもできます。

【例】　久保栄子　　　「くぼ　えいこ」

　　　　久保田麻美　　「くぼた　あさみ」

　　　　久保田美香　　「くぼた　みか」

　　　　窪義則　　　　「くぼ　よしのり」

　　　　窪田純一　　　「くぼた　じゅんいち」

3．アルファベット順配列

　欧文の見出し語は、その綴りのアルファベット順に配列します。

　アルファベット順配列には、字順配列と語順配列の2種類があります。配列をする際には、どちらを採用するかを決めます。

　字順配列とは、単語の区切りを無視して、全体を一つの語と見なして、アルファベットの順番に並べる方法です。

　語順配列とは、単語毎に区切って、第1番目の単語をアルファベット順に並べ、それが同一ならばさらに第2番目、3番目の順で配列する方法です。

3. アルファベット順配列

【例】［字順配列］

data

database indexes

databases

data citation indexes

data retrieval

【例】［語順配列］

data

data citation indexes

data retrieval

database indexes

databases

(1) 大文字・小文字は同一と見なします。

【例】 Hollerith, Herman

homographs

HTML

hypermedia indexes

(2) 発音符号などの付加記号は無視します。

【例】 bär → bar

Mendeléyev, Dmítriy Ivánovich → Mendeleyev, Dmitriy Ivanovich

(3) ハイフンをはじめとする、文字や数字ではない記号（コンマ、ピリオド、コロン、セミコロン、2倍ダーシ、括弧など）などは無視します。

【例】 non-bank → nonbank

Yahoo！ニュース → Yahoo ニュース

81

第**3**章 配列

(4)　見出し語の冒頭の冠詞は無視するか、あるいは省いて見出し語として配
　　列します。

【例】　chemistry indexing
　　　　The Chicago Manual of Style
　　　　children's books
　　　　classification

【例】　chemistry indexing
　　　　Chicago Manual of Style
　　　　children's books
　　　　classification

(5)　&は「and」とします。

4. 数字順配列

4.1　数字で始まる見出し語

　数字で始まる見出し語は、アルファベット順や五十音順索引とは別に、数字
の昇順に配列し、アルファベット順や五十音順索引の一番前に配列します。小
数点は考慮し、3桁目に振るコンマは無視します。

【例】　1バイト文字
　　　　2バイト文字
　　　　32ビットパソコン
　　　　『2001年宇宙の旅』［映画のタイトル］

4.2　数字が含まれる見出し語

　和文や欧文の見出し語の中に数字や記号が含まれる場合は、数値の昇順に並
べます。上付きや下付きは無視して、数字で配列します。

【例】　FeO

　　　Fe_2O_3

　　　Fe_3O_4

　　　FS

　　　ISO690

　　　ISO999

【例】　台風 22 号

　　　台風 23 号

5.　所在指示の配列

　所在指示は、アラビア数字やローマ数字、漢数字が多いので、通常は、所在指示の初頁の数字を、昇順に配列します。

　前書きや序文、あるいは後書き、補遺、付録などで、頁付が本文と違っている場合は、その本の頁付の順序に配列し、その中は昇順に配列します。

【例】　vi, 25-26, 39, 145, B-14

注：引用文献

1)　"7.2　五十音順配列". SIST13:1992.　索引作成. https://warp.ndl.go.jp/info:ndljp/pid/12003258/jipsti.jst.go.jp/sist/pdf/SIST13.pdf,（参照 2025-02-28）.

2)　"解説　7.2　五十音順配列". SIST13:1992.　索引作成. https://warp.ndl.go.jp/info:ndljp/pid/12003258/jipsti.jst.go.jp/sist/pdf/SIST13.pdf,（参照 2025-02-28）.

3)　日本図書館協会目録委員会編. 日本目録規則 1987 年版. 改訂 3 版, 日本図書館協会, 2006, p.361-362.

第4章 レイアウト

索引のレイアウトの良し悪しは、使いやすさに大きな影響を与えます。

レイアウトのスタイルは、出版社や編集者によって決められていることもあります。もし決まったスタイルがあるならば、それに従ってください。ここでは、使い勝手のよいとされる、一般的なスタイルを紹介します。

1. 概要

索引は、本文頁が確定してから作成するため、通常巻末に位置します。この場合は、本文との通し頁となります。巻頭に位置する場合は、本文頁とは異なる頁番号、たとえば (1)、(2)、……　や ⅰ、ⅱ、……　などの番号が付されます。

本文が横組みの場合は、索引も横組みとします。

本文が縦組みの場合は、縦組みの場合と横組みの場合があります。縦組みは、所在指示の数字の桁数が多くなり見にくくなります。そこで、本文が縦組みでも索引は横組みとするケースが多いようです。

その場合の索引頁の頁番号のつけ方は、たとえば縦組みの本文が310頁で、横組みの索引が10頁あると、索引の最初の頁付は320で最終頁が311で終わるという形になります。あるいは、別建ての頁でつけることもできます。たとえば、索引の最初の頁からローマ数字でⅰ、ⅱ、……、ⅹ まで付与します。本の頁が、1頁から310頁で終わると、次は、ⅹ、ⅸ、……、ⅰ となります。

いずれにしても、索引があることは、巻頭の目次に明記します。

第**4**章　レイアウト

　索引にはタイトルをつけます。索引が一つならば「索引」と頁の中央上部に
記述します。

　索引の種類が、事項索引や人名索引など複数ある場合は、それぞれの索引で
改頁をし、それぞれの索引の初頁上部にタイトルを表示します。ただし、凡例
は一番初めの索引にまとめて記述します。

　索引のフォントは、本文で使用されているフォントより2ポイントほど小さ
くします。

　索引の段組みは、本文が1段の場合は、通常索引の段組みは2段に印刷され
ます。本文が2段の場合は、3段組にすることが多いようです。また、A5判
以上の大きな判型の本では、3段あるいは4段に組まれることもあります。索
引は、見出し語のあとに所在指示が続く索引項目の羅列のため、索引のフォン
トは本文よりも小さく、1行の文字数も少なく、行間も詰めて見やすい版を組
みます。

　頁上部の柱に、索引頁である旨の表示（例：「索引」）をするとわかりやすい
です。索引頁が多い場合は、柱に見出し文字（例：「あ〜う」など）を記述す
る方法もあります。

2.　凡例

　凡例は、一番初めの索引タイトルと、その索引項目の間に記述します。複数
の種類の索引があっても、すべての凡例を一番はじめにまとめて記述します。
本文のフォントより小さく、見出し語と同じくらいか、小さいくらいの大きさ
で、簡潔に、時には項目番号を立てて記述します。

　通常は1段組みで、行の中央に「凡例」という見出しをつけて記述します。
凡例が、数行で済むような場合は、見出しがなくてもいいかもしれません。

3.　索引項目のレイアウト

　索引項目のレイアウトは、改行式と追込み式があり、どちらかを選択して原
稿を作成します。

3. 索引項目のレイアウト

3.1 改行式

改行式とは、主見出し語や各副見出し語、参照を改行して表示する方法です。わが国の索引では、改行式が一般的で、本書の例示も改行式で示しています。

改行式は、見やすいのが長所ですが、索引の頁がかさむのが難点です。また、段組みの幅に収まらない行は次の行に続くのですが、この折り返しの字下げをきちんと決めておく必要があります。字下げについては、次項で述べます。

【例】 出所の明示
　　　　　——の位置　85
　　　　　——の義務　86
　　　　　——の条件　83-84
　　　出版　31,78
　　　　　⇒頒布
　　　　　——の義務　29-30
　　　　　——の時期　16, 25-28
　　　　　——の自由　→言論・出版の自由
　　　　　——の定義　78-80,96

3.2 追込み式

追込み式は、主見出し語のあとに各副見出し語や参照を、改行しないで追い込んでいく方式です。洋書では、この追込み式をよく採用しています。

追込み式は、記号や位置などによって副見出し語や参照を区別しますので、慣れないと見にくいのですが、頁数が少なくなることが利点です。日本語の索引では、副見出し語の繰り返しを2倍ダーシで示すことが多いためか、追込み式はほとんど見かけません。

洋書でも、改行式を用いている本が多いということは、追込み式は頁数を節約するには適していますが、英語でも読者にとっては見やすいとは言えないのかもしれません。

第**4**章　レイアウト

【例】　出所の明示：——の位置　85；
　　　　　——の義務 86；——の条件
　　　　83-84
　　　　出版 31, 78　⇒頒布：——の義務
　　　　29-30；——の時期 16, 25-28；
　　　　——の自由 →言論・出版の自由；
　　　　——の定義　78-80,96

【例】　出所の明示
　　　　　——の位置　85；——の義務
　　　　86；——の条件 83-84
　　　　出版 31, 78
　　　　　⇒頒布：——の義務　29-30；
　　　　——の時期 16, 25-28；——の
　　　　自由 → 言論・出版の自由；
　　　　——の定義　78-80, 96

　わが国では、改行式が多いことから、改行式を中心に以下の説明をしていきます。

3.3　所在指示

　所在指示は、段の右寄せにする方法と、見出し語のうしろに 1、2 文字程度の空白をとって追込みにする方法があります。

　右寄せの所在指示では、見出し語と所在指示の間を点線でつなぐ方法もよくとられます。見出し語が長いと、所在指示が次行に移ります。所在指示の折り返しが発生した場合に、点線をどこから引くか、見出し語の折り返しはどこからにするかといったルールが必要となります。発生する頻度は、それほど高くないかもしれませんが、読者が見やすい統一した記述にする必要があります。

3. 索引項目のレイアウト

【例】　情報サービスシステムの二次的
　　　　　機能　……………………69
　　　　情報資源利用の教育　……27, 140
　　　　　高等学校図書館としての──
　　　　　　……………………… 4
　　　　　大学図書館としての──　…54,
　　　　　87-89, 126

　追込みの所在指示は、右寄せに比べると若干頁数が少なくなるかもしれません。ここでも、同様に見出し語が長い場合の所在指示の形式を統一して定めておく必要があります。

【例】　情報サービスシステムの二次的
　　　　　機能　69
　　　　情報資源利用の教育　27, 140
　　　　　高等学校図書館としての──
　　　　　4
　　　　　大学図書館としての──　54,
　　　　　87-89, 126

3.4　字下げと折り返し

　改行式の索引では、主見出し語と副見出し語の間は字下げをします。また、段組みの幅に収まらない行は、見出し語や参照、所在指示の折り返しが発生します。この折り返しを見やすくするためにも、字下げを行ないます。

　改行式の所在指示を追い込む形式では、たとえば次のように設定します。

① 主見出し語と副見出し語間の字下げは、1字下げます。
② 主見出し語と所在指示の折り返しは、2字下げます。
③ 主見出し語の「を見よ」参照は、主見出し語の終わりから全角1字あけて記述を始めます。
④ 主見出し語の「を見よ」参照の折り返しは、2字下げます。
⑤ 主見出し語の「をも見よ」参照は、1字下げて記述しはじめます。

⑥ 主見出し語の「をも見よ」参照の折り返しは、3字下げます。

⑦ 副見出し語と所在指示の折り返しは、2字下げます。

⑧ 副見出し語と「を見よ」参照は、副見出し語の終わりから全角1字あけて記述を始めます。

⑨ 副見出し語の「を見よ」参照の折り返しは、2字下げます。

⑩ 副見出し語の「をも見よ」参照は、2字下げて記述しはじめます。

⑪ 副見出し語の「をも見よ」参照の折り返しは、3字下げます。

【例】　地名索引　25
　　　著者名索引　26
　　　　——の所在指示　83 ……………　①
　　　デジタルコンテンツの集合体
　　　　　15 ………………………………　②
　　　データベース　33, 34, 36-38,
　　　　　41 …………………………………　②
　　　　⇒索引ファイル：デジタル ………　⑤
　　　　　コンテンツ …………………　⑥
　　　　——の検索　35-36, 39,
　　　　　89-92, 156-168 ………………　⑦
　　　　——の種類　38
　　　　——の歴史　166-167
　　　転置ファイル　→索引ファイ ……　③
　　　　　ル …………………………………　④
　　　同義語　59
　　　　取り扱い　63
　　　　　⇒を見よ参照：をも見よ ………　⑩
　　　　　参照 …………………………　⑪
　　　統制語　123-140
　　　　——とファセット分析　→ ……　⑧
　　　　ファセット …………………　⑨
　　　　——のキーワードの見つけ ……　①
　　　　方　65, 155-163 ………………　⑦

3. 索引項目のレイアウト

①の主見出し語と副見出し語間の字下げを2字にすると、②〜⑪の字下げが1字ずつ下がります。頁に余裕があるならば、字下げを大きくしてもよいでしょう。

【例】　地名索引　25
　　　　著者名索引　26
　　　　␣␣──の所在指示　83
　　　　デジタルコンテンツの集合体
　　　　␣␣␣15
　　　　データベース　33, 34, 36-38,
　　　　␣␣␣41
　　　　␣␣⇒索引ファイル;デジタル
　　　　␣␣␣␣コンテンツ
　　　　␣␣──の検索　35-36, 39,
　　　　␣␣␣89-92, 156-168
　　　　␣␣──の種類　38
　　　　␣␣──の歴史　166-167
　　　　転置ファイル␣→索引ファイ
　　　　␣␣␣ル
　　　　同義語　59
　　　　␣␣取り扱い　63
　　　　␣␣␣⇒を見よ参照;をも見よ
　　　　␣␣␣␣参照
　　　　統制語　123-140
　　　　␣␣──とファセット分析␣
　　　　␣␣␣→ファセット
　　　　␣␣──のキーワードの見つ
　　　　␣␣␣け方　65, 155-163

　字下げや折り返しは、見出し語の長さや所在指示の多さなどによって、出現の頻度が異なりますが、索引の中で統一したルールで記述しなければなりません。

　特に、主見出し語や副見出し語の折り返しと、副見出し語の字下げが同じだとたいへんに見にくいですから、気をつける必要があります。読者は、主見出

91

第**4**章　レイアウト

し語を最初に見つけ、そのあとに、副見出し語を探します。その目の動きに添うように、字下げや折り返しを考えます。

【例】×データベース　33, 34, 36-38,
　　　41
　　　──の検索　35-36, 39,
　　　89-92, 156-168
　　　──の種類　38
　　　──の歴史　166-167

3.5　フォント

　索引のフォントは、本の本文より2ポイントほど小さくし、和文索引では通常明朝体を使用します。

　図表やその主題にとって重要な内容の所在指示などは、フォントをイタリック体にしたり、ゴシック体にするなどして、容易に区別がつくようにします。このようなフォントの使用については、必ず凡例に記述します。

3.6　句読点と記号・文字のまとめ

　索引では、さまざまな句読点や記号・文字を用いて、その機能を簡潔に表現します。これまでの章でも句読点や記号などについて述べてきましたが、ここでまとめておきます。

　使用する句読点や記号は、できるだけ、一つの句読点・記号に、一つの機能や意味を規定し、正確かつ統一して使用します。また、説明がなくても普通に意味を理解できる句読点や記号（たとえば、複数を示すコンマ）を除いて、必ず凡例にその句読点と記号の説明をしなければなりません。

　なお、句読点は、通常半角で記述します。

　一般的によく規定されている句読点や記号・文字を、下記に示します。この例示にこだわらず、必要に応じて、適切な句読点や記号を規定して使用してかまいません。

（1）　コンマ

　① 所在指示の区切り

　所在指示が複数ある場合の区切りに使います。

3. 索引項目のレイアウト

【例】 情報資源利用の教育　27, 140

② 人名の姓名の区切り

外国人の姓と名を倒置した際の、区切りに使います。

【例】 モンロー , マリリン

③ 見出し語の倒置

見出し語の倒置形を使う場合に使います。

【例】 質問 , 一般的な

(2)　ピリオド

① 人名の見出し語の頭文字の省略形

外国人名の見出し語の名前を省略した場合、その頭文字の終わりにつけます。

【例】 モンロー , M.
　　　ケネディ , ジョン　F.

② 機関名や国名などの見出し語の省略や略記

見出し語において、機関名や国名などを省略したり略記した場合、その最後に付与します。

【例】 Univ. California
　　　Yahoo Japan Corp.
　　　U. S. A.

(3)　コロン

① 参照先の主見出し語と副見出し語の間の区切り

参照で、参照先が副見出し語の場合、主見出し語と副見出し語の間の区切りに使います。

【例】 雑誌　→逐次刊行物：定期刊行物

第**4**章　レイアウト

② 追込み式での主見出し語と副見出し語の区切り

追込み式での主見出し語の副見出し語を追い込むときの区切りに使います。

【例】　雑誌：送り手　86

（4）　セミコロン

① 複数の参照先の区切り

参照で、複数の参照先がある場合の区切りに使います。

【例】　本　54, 86-89
　　　　　⇒資料：論文

② 追込み式での副見出し語の区切り

【例】　雑誌：送り手　86；種類　69-80；特徴
　　　　　45

（5）　２倍ダーシ

副見出し語に主見出し語が含まれる場合、２倍ダーシで主見出し語を省略します。

【例】　パラグラフ
　　　　　——の整理
　　　　　——の長さ
　　　　　——の番号

（6）　ハイフン

① 所在指示の頁の間

所在指示の初めの頁と終わりの頁の間をつなぎます。

② 参照の主見出し語と副見出し語の間の区切り

参照の主見出し語と副見出し語の間に、ハイフンを使います。

【例】　雑誌　⇒書誌索引 – 雑誌記事索引

3. 索引項目のレイアウト

（7）　中黒

二つ以上の語を併記して複合見出し語を作成する場合に、中黒を使います。

> 【例】　レポート・論文　156

（8）　丸括弧

① 限定詞

見出し語の限定詞は、見出し語のうしろに丸括弧で囲って記述します。

> 【例】　レース（アパレル）
> レース（スポーツ）

② 補足説明

固有名詞などの見出し語の補足説明をする際に、丸括弧で囲って記述します。

> 【例】　ANSI（American National Standards Institute）
> American National Standards Institute（ANSI）

（9）　二重鉤括弧

図書や雑誌のタイトルなど、文献に関係するタイトルは、二重鉤括弧を使います。

> 【例】　『徒然草』
> 『週刊朝日』

（10）　矢印

①「を見よ」参照

「を見よ」参照には、「→」を使います。

②「をも見よ」参照

「をも見よ」参照には、「→：」「⇒」などを使います。

95

第**4**章　レイアウト

（11）　**ゴシック体**

① 所在指示の中で、主となる内容を示す所在表示に、ゴシック体を使います。

【例】　54, 56, **159**, 182

（12）　**イタリック体**

① 欧文の資料名

欧文の資料名は、イタリック体で記述します。

【例】　*Science*

② 包括的参照

包括的参照を示す場合に、イタリック体を使います。

【例】　肓導犬　→*各犬種をも見よ*

③ 所在指示

所在指示の中で、主となる内容を示す所在表示に、イタリック体を使います。

【例】　54, 56, *159*, 182

④ 図表

所在表示の中で、図表を示す所在表示に、イタリック体を使います。

【例】　93, *104*

（13）　**アンダーライン**

① 所在指示の中で、主となる内容を示す所在表示に、アンダーラインを使います。

【例】　54, 56, 159, 182

（14）　**図表・写真・注を表わす文字**

図表や写真の頁を表わす文字は、頁番号のあとに「図」「表」「写」「fig」「t」

96

などの文字を付します。文字の代わりに、決められた記号「●」「◎」などを用いてもいいですが、凡例を見ないと、その記号の意味がわかりません。文字の方が、索引を引いたときに、凡例を見なくても容易に理解できるので、同じ文字数ならば文字の方が良いと思います。

　注は、頁番号のあとに「注」「n」などの文字を付し、そのあとに必要に応じて、注番号を付します。

　　【例】　15注6　15n6

4. 索引項目が段や頁にまたがる場合

　索引の校正ゲラが出来上がってみると、見出し語や所在指示が、段や頁にまたがっているケースがあることに気づきます。頁や段の一番下に主見出し語だけが残されたり、頁や段の一番上に副見出し語や所在指示の頁だけがきたりします。

　主見出し語と副見出し語は字下げによって区別をつけるのですが、段や頁がまたがると、字下げがわからなくなり、主見出し語か副見出し語か一瞬見ただけでは判断がつきません。また、参照や所在指示が段や頁の最上部にくると、その見出し語が何かがわかりません。

　そこで、索引項目が段や頁にまたがる場合は、主見出し語や副見出し語を再度記述します。たとえば、2段組みの索引の場合は、下記のように、主見出し語や副見出し語を繰り返して記述し、(つづき)というように丸括弧で示します。

　　【例】　×［左段あるいは前頁右段の最終行］　　　［右段あるいは次頁左段の最初の行］
　　　　　　　雑誌記事　　　　　　　　　　　　　　　　　——の書誌事項　92-94
　　　　　　　　——が見つからない場合　163　　　　　　——の入手　162-163
　　　　　　　　——の探し方　145, 189-190

　　【例】　○［左段あるいは前頁右段の最終行］　　　［右段あるいは次頁左段の最初の行］
　　　　　　　雑誌記事　　　　　　　　　　　　　　　　雑誌記事（つづき）
　　　　　　　　——が見つからない場合　163　　　　　　——の書誌事項　92-94
　　　　　　　　——の探し方　145, 189-190　　　　　　　——の入手　162-163

第**4**章　レイアウト

【例】　×［左段あるいは前頁右段の最終行］　　［右段あるいは次頁左段の最初の行］
雑誌記事　　　　　　　　　　　　　　　　210-213
　　——が見つからない場合　163　　　　　——の書誌事項　92-94
　　——の探し方　145, 189-190,　　　　　——の入手　162-163

【例】　○［左段あるいは前頁右段の最終行］　　［右段あるいは次頁左段の最初の行］
雑誌記事　　　　　　　　　　　　　　　　雑誌記事
　　——が見つからない場合　163　　　　　——の探し方（つづき）
　　——の探し方　145, 189-190,　　　　　　　210-213
　　　　　　　　　　　　　　　　　　　　　——の書誌事項　92-94
　　　　　　　　　　　　　　　　　　　　　——の入手　162-163

5. 見出し文字

　和文索引では、見出し語の配列の第1音、たとえば、「あ」、「い」などの見出し文字を各配列のはじめに記述します。見出し語の数が少ない場合は、行ごとに、「あ行」、「さ行」、「あ」、「さ」などの見出し文字をつけます。

　欧文索引は、同様に、「A」、「B」を各配列のはじめに記述しますが、欧文索引全体の見出し語の数が少なく1頁程度に収まる場合は、見出し文字を出さないで、単にアルファベット順に配列し、「A」「B」の間に1行入れる方法でもよいでしょう。

　見出し文字の活字は、索引の本文より大きく、ゴシックなどのフォントを使って、目立つようにします。所在指示を段の右寄せにした場合は、見出し文字は、段の中央におき、追込みにした場合は、左寄せにする方法もあります。見出し文字とその前の見出し語との間は、1行あけるか、3行どりの中央にするなどして、見やすく配置します。

　和文索引の配列は読みの五十音順ですが、見出し語は漢字表記になります。そのため、見出し語の音が変わるごとに、行をあけただけでは、読みを探しにくいですから、見出し文字を表記すると探しやすくなります。

　欧文索引は、配列も見出し語もアルファベットなので、見出し文字がなくても探しやすいのです。

5. 見出し文字

【例】×請負契約　　186, 193
　　　売上報告　　181
　　　絵　　21　→美術の著作物
　　　映画　31, 78
　　　　――の著作権の帰属　29
　　　　――の著作物　　16, 78

【例】○う
　　　請負契約　　186, 193
　　　売上報告　　181

　　　え
　　　絵　　21　→美術の著作物
　　　映画　31, 78
　　　　――の著作権の帰属　29
　　　　――の著作物　　16, 78

【例】×請負契約 …………186, 193
　　　売上報告 ………………181

　　　絵 …………………… 21
　　　　→美術の著作物
　　　映画 ……………… 31, 78
　　　　――の著作権の帰属…29
　　　　――の著作物…… 16, 78

【例】○　　　　　　　　う
　　　請負契約 ………… 186,193
　　　売上報告 ………………181

　　　　　　え
　　　絵 ………………… 21
　　　　→美術の著作物
　　　映画……………… 31, 78
　　　　――の著作権の帰属…29
　　　　――の著作物…… 16, 78

99

第5章 索引の作り方

　索引作成は、通常索引作成者の個人的な作業として行なわれます。そのため、索引の作り方は、索引作成者によって独自の方法が確立されているといえます。ここで述べるのは *ISO999：1996* や『SIST13：1992 索引作成』などをはじめとする巻末に挙げたような参考文献、および私の経験に基づいた一般的な方法です。どのように判断するか、どのような過程をたどるかは、索引作成者の知識や技術、経験、出版社の制約や方針に依拠します。

　また、索引は、一定のルールに基づいて、時間的金銭的な制約の下で作られる、情報アクセスのための実務的なツールです。すべての読者に対応できるような索引を作ることはむずかしいことです。しかしながら、索引作成者としては、読者を思い描きながら、できる限り良い索引を作成するようにしたいものです。

1．索引作成のプロセス

　索引原稿完成までの作成プロセスは、おおむね下記のようなステップで進んでいきます。しかし、常にこの順番で進むということではなく、時に行きつ戻りつしながら、完成に向かいます。

　　ステップ1　事前確認
　　ステップ2　本の内容の把握

第**5**章　索引の作り方

　　ステップ3　見出し語の選定
　　ステップ4　索引原稿の作成
　　ステップ5　索引の編集
　　ステップ6　レイアウトや配列のチェック

　このプロセスのどこの段階においても、著者と編集者、あるいは索引作成者の間でのコミュニケーションが重要です。たとえば、見出し語を選定する過程で、語の使用の揺れや、文章の曖昧さを見つけることがあります。索引作成の過程で見つかる、このような本文の語や文章への疑問は、著者にとって貴重な情報です。その都度、著者に確認をしながら、連携を図って進めます。

　私は、自分で自著の索引を作成しましたが、索引作成の段階で改めて気づくことも多く、索引作業をしながら、本文を書き直したり、語の統一をしたりすることもよくありました。

2.　事前確認

　まず、スケジュール、索引作成の方針（読者ターゲット、索引対象など）、索引頁の制限、レイアウト、配列、使用するソフトなどについて、著者、編集者、索引作成者間で事前に確認し、決定します。

2.1　スケジュール

　索引作成は、頁が確定した校正ゲラから始まり、索引原稿を作成し、その校正が終了するまでを指します。

　索引作成は、どちらかというと、隅に追いやられる傾向があり、当初の出版スケジュールにその工程が入っていないこともあります。しかし、索引は本の付録でもつけたしでもなく、本文と一体となり、本の価値を高めるものですから、出版スケジュールの中でしっかりと期間を確保しておきたいものです。

　そうはいっても、実際の業務では、全体のスケジュールが当初より遅れているにもかかわらず、発行日は動かすことができないという状況が生じがちです。そして、そのしわ寄せが、最後の索引作成に及んできます。索引作成は、

102

最終校正ゲラが出てから始まるので、どうしても過密なスケジュールの中での
ハードな作業となってしまいます。

　私の調査によれば[1]、わが国で行なわれている一般的な索引作成は、著者が
校正ゲラに見出し語をマークし、編集者がそれを索引原稿に仕上げるというも
のでした。分野やテーマ、出版社によって異なりますが、著者は、全体として
1ヵ月程度の期間で見出し語へのマーキングを行なっていました。著者は、こ
の間、同時に本文の最終校正も行なわなければなりませんから、結構たいへん
です。

　一方、マーカーがついた校正ゲラを受け取った編集者は、これを編集して索
引原稿にするのですが、300頁程度の本で1、2週間しか時間を割くことはで
きません。しかも実際に、索引作成に費やせる実質的な時間は、せいぜい2、
3日程度のようでした。

　いずれにしても、索引作成は、非常に短い期間で綿密な作業を行なわなけれ
ばならないのが現状です。

2.2　索引の様式の確認

　索引作業に取り掛かる前に、索引原稿の様式について確認しておく必要があ
ります。欧米では、原稿だけでなく索引の様式についても、独自のルールブッ
クを持っている出版社があります。あるいは『シカゴ・マニュアル』に準ずる
というだけの場合もあるそうです[2]。

　なお、確認すべき以下の項目のうち（1）は第1章、（2）から（10）は第2章、
第3章、第4章に詳しく述べています。

（1）　索引の種類とタイトル

　事項索引、人名索引などの索引の種類、あるいは和文索引、欧文索引など言
語によって複数の索引に分割するかどうかを決めておきます。それぞれの索引
に対するタイトルと、掲載の順番も決めます。

（2）　索引項目の記述

　索引項目の副見出し語の表記方式は、改行式と追込み式があります。日本語
の索引では、改行式が多数を占めていますが、どちらの方式で行なうか決めま
す。

第**5**章 索引の作り方

　索引項目を改行式で記述する場合は、見出し語と所在指示との間にスペースをおいて追い込む場合と、所在指示を右詰にして点線でつなぐ場合があります。副見出し語における主見出し語の繰り返し（例：2倍ダーシ）をどう表記するかも決めます。

（3）　見出し語の表記

　見出し語の表記について、限定詞（例：洋画（映画））や、修飾語を倒置した場合（例：質問，一般的な）、資料名の記述（例：『源氏物語』）などについても定めます。

　欧文の見出し語では、固有名詞を除いて、初字を大文字にするか小文字にするかも決めます。

（4）　所在指示の表記

　所在指示は頁で行なう場合が多いですが、章や段落を指示する場合は、その表記方法を決めます。

　所在指示が複数頁にわたる場合は、完全な形（例：175-178）で表記するのか、省略（例：175-8）するのか、また、注や図表、重要な頁などを示す、記号や書体、フォント（例：215f、**356**）も決めておく必要があります。

（5）　参照の表記

　「を見よ」「をも見よ」参照を示すそれぞれの記号（例：→）や、参照が複数あった場合の区切り記号、包括的な参照（例：→*各出版社名*）があった場合のフォントを定めておきます。

　主見出し語につく「をも見よ」参照は、主見出し語のあとに記述する方法と、その索引項目の最後に記述する方法があります。副見出し語に示す参照も、記述の位置を決めておきます。

（6）　主見出し語・副見出し語の配列

　和文の場合は、通常五十音順で配列しますが、長音、濁音、中黒、拗音、促音などの扱い、記号や単位が見出し語の初字にある場合の配列について定める必要があります。人名索引がある場合は、姓名を区別しない字順配列にするか、姓名を区別するのかも決めます。

　欧文の場合は、アルファベット順になりますが、アルファベット順では、字順配列と語順配列のどちらで配列するかを決定します。

（7） 段組みと行数、フォント

　索引は、通常、本文の字の大きさよりも2ポイントほど小さいフォントで、行間も詰めたレイアウトを用います。また、2段や3段組などの段組みをする場合も多いです。段組みと行数、フォントを決めておきます。

（8） 字下げ

　見出し語や所在指示が長くなると、見出し語の途中で行の折り返しが生じます。その折り返しの際の字下げの字数を決めます。

　改行式で記述する場合は、副見出し語の折り返しもあります。主見出し語と副見出し語の間の字下げと、それぞれの折り返しの字下げ、参照と参照の折り返しの字下げも決めます。

　字下げによって、索引の見やすさや、索引の頁数が変わりますので、細かいことではありますが、あらかじめ決めておくとよいのです。

（9） 索引項目が段や頁にまたがる場合

　段組みがされている索引で、索引項目が次の段へまたがる場合、あるいは頁にまたがる場合は、見出し語が途中で分かれたり、所在指示が1行目から始まったりして、見にくくなります。このような場合に、読者が見やすいように、どのような記述をするのかも決めておきます。

（10） 見出し文字

　配列の区切りには、「あ」「あ行」「A」などの見出しを立てると探しやすいものです。見出し文字のフォント、位置などを決めます。また、左右の柱に配列の区切りを示す方法もあります。

（11） 例示

　上記（2）から（10）のレイアウトや配列にかかわる事項は、文章で説明するよりも、具体的な様式サンプルがあるとわかりやすいので、作成しておくとよいと思います。

（12） 使用するソフト

　索引原稿を作成するにあたって使用するソフトやバージョンを、あらかじめ確認しておきます。Excel や Word、版下作成ソフトなど、さまざまなソフトが使用されています。

第**5**章　索引の作り方

2.3　索引の頁数

　索引の頁数は本文に対してどのくらいのが適切なのか、あるいは1頁当たり何語くらい見出し語を選択したらいいかは一概に決められません。分野やテーマ、内容、読者などによって異なります。もちろん、レイアウトやフォントによっても索引の頁数は変わります。

　索引の頁数が多いから良い索引とは言えないし、短いから悪いとも言えません。しかし、学術書で見るからに索引の頁が少ないものは、本文がいかに充実していても、その本の価値は下がりますし、著者の情報に対する見識も疑われてしまうでしょう。

　一般的には、適切な見出し語を収録し、副見出し語や参照を付与し、構造化した索引を作成するためには、ある程度の頁数が必要であるといえます。

　Nancy Mulvany は、その著書の中で、本のタイプ別に索引頁の割合と頁毎の語数を表で示しています。それによると、大衆向けの一般書や難解でない本の索引頁数は、本文頁数の2〜5%、見出し語は頁毎に3〜5語であると述べています。大学の教科書、料理本、医学書、学術書、一般的なレファレンス資料（事典や辞書）は本文頁数の7〜8%、頁毎に6〜8語、技術的なドキュメント、一般的なユーザーマニュアルなどは本文頁数の10%、頁毎に8〜10語としています[3]。アメリカ索引協会は、典型的なノンフィクションの本は3〜5%、歴史や伝記はおそらく5〜8%、レファレンス資料は15〜20%としています[4]。

　『シカゴ・マニュアル』は、"1頁にどのくらいの数の語に印をつけるかは、著作物の種類による"としながらも、非常に大まかなガイドとして、1頁に平均5語では本文の2%の控えめな索引となるし、1頁15語以上ならば本文の5%以上となり、かなり長い索引となるだろうと述べています[5]。本文頁の2〜5%ならば、おおざっぱに言えば、本文が300頁の索引は、6頁から15頁程度の索引となります。

　日本語と英語の組版の違いもあると思いますが、わが国の学術書の索引の実態を調査した福永智子らの結果では、本文頁に対する索引頁の割合の平均値は2.5%でした[6]。30年前の調査ですが、これは今でもそれほど変わらないのではないかと思います。また、私が作成した索引を調べると、新書や縦書きの本

106

も入っていますが、本文頁数の約2%から7%の間でさまざまでした。

　もちろん、出版社があらかじめ索引の頁を決めているならば、その範囲で作成することになります。

　一つの段落で、複数の見出し語を選ぶこともありますが、まったく選ばない場合もあります。いくつかの段落で一つだけの見出し語ということもあります。逆に、一つの文章で、複数の見出し語を選択することもあります。

　まったく見出し語が選択されない段落や頁があってもよいのですが、その頁や段落は、何らかの情報内容を伝えるために存在しているわけですから、通常は、別の頁や段落から続いているトピックを説明していると考えられます。ですから、その段落や頁は、他の見出し語の所在指示に含まれると考え、注意深く把握します。

　原文に現われた語（特に人名などの固有名詞）やトピックに惑わされて、過剰に見出し語をとりすぎることをオーバーインデクシングといいます。逆に、必要なトピックを見過ごして見出し語をとらないと、読者の検索を妨げ、本の内容を見過ごしてしまいます。これをアンダーインデクシングといいます。

　どちらも良くない索引ですが、重要なトピックを見逃して、あとで探すのは容易ではありません。しかし、あとで行なう索引の編集で余計な見出し語を除いたり、整理することは可能です。したがって、索引作成の実務としては、選択を迷うようなトピックや見出し語であれば、最初から除かないで多少多めに選択し、編集の段階で判断し、整理統合していくことになるでしょう。

2.4　読者ターゲット

　索引を作成する上で、読者の想定は重要です。

　本を通読したあと、必要な個所を探す既読者は、本の中で使われている語を覚えているかもしれませんが、一部しか読んでいない、あるいはまったく読んでいない未読者は、一般的に使われている語や思いついた語で索引を引きます。

　たとえば、「交通政策」に関する本で、「交通事故」と索引を引いたとしましょう。一般に「交通事故」というと、道路における事故をイメージしますが、交通事故は、鉄道、船舶、航空交通事故を含む広い概念です。この本の本文では「道路交通事故」という語で表現され、「道路交通事故」が見出し語となっ

第**5**章 索引の作り方

ています。本文で使用されている語を見出し語にするという意味では正しいのですが、通読していない読者はたぶん「道路交通事故」という語は思いつかず「交通事故」と引くと思います。

索引作成者は、読者が必ずしも「交通事故」という概念を専門的な定義で把握していないと考え「交通事故 →道路交通事故」とする必要があるでしょう。

未読者が、どの程度主題に関する知識を持っているのかを想定するのは、とてもむずかしいことです。しかし、索引作成において「読者はそういう語では引かない」とは言い切れないのです。少なくとも「読者はこういう語で引くかもしれない」と考えることが必要です。

2.5 索引対象の決定

本のどの部分を索引対象とするかは、索引作成に取り掛かる前に、明確に決めておかなければなりません。基本的に索引は、本の中の意味あるすべての情報をカバーし、探し出せるものでなければならないものです。

欧米では、一般的に索引の対象となる部分が決まっているようです。わが国では、本文は必ず対象としますが、その他の図表や写真などは、索引対象としていない場合も多いようです[7]。したがって、索引対象は、必ず凡例で読者に明確に記述しておくべきだと考えます。

（1） 索引対象とする部分

前文、序文、本文、注（脚注・巻末注を含む）、図表、写真、補遺、付録、後書きは、通常、索引の対象となります。実用書や教科書などでよく見られるコラムも、索引対象となります。

前文、序文、後書きは、主題と関係があれば索引対象となりますが、関係のない内容ならば、当然見出し語は選択されません。

注は、本文にその内容の記述がなく、重要であるとするならば、索引の対象となります。ただし、単に参考文献を記述した注は、普通は索引しません。私も自著の索引を作成する場合は、注の文章は参考文献を除いて、本文と同等に索引対象としています。

本文中で引用されたり、記述された著者名は、索引の見出し語としてとるべきですが、その著作物名は通常は索引の見出し語とされません。共著者の著作

物の場合は、それぞれの著者名を見出し語にとりますが、共著者が多い場合は、筆頭著者のみにしてもいいと思います。

【例】　大江健三郎は……と述べている［本文］
　　　　大江健三郎　［索引］
【例】　……（田中ほか，2018）［本文］
　　　　田中秀一　［索引］
　　　　安藤啓介　［索引］

　図表や写真は、本文の記述と同じ頁にあるならば、索引対象とする必要はないとする考えもあります。もちろん、本文と別の頁に図表や写真があるなら、当然索引の対象にされるべきでしょう。

　私は、本の索引を引くときに、図表や写真、データだけを目当てに探すことが多いものですから、自著の索引では、図表が本文の記述と同頁にあっても、本文とは別に図表であることを記号で示して所在指示しています。索引で、図表の所在指示のフォントや記号を変えておけば、すぐに本文頁と図表頁を区別でき、迅速に図表を探すことができます。

　また、図表や写真は、キャプションだけが索引の対象になるのではありません。図表の内容について索引対象とすべきか否かは、本文の記述とのかかわりで考えることになると思います。図表や写真全体だけでなく、その中の一部分が、本文と関係があり、本文を理解する上で図表も意味を持つならば、私は図表や写真の内容も見出し語をとります。

　たとえば、本書の第2章で「索引項目」について説明した図（p.45）があります。そこには、「主見出し語」「副見出し語」「所在指示」「参照」が矢印で示されています。本書の索引で「主見出し語」を引くと、この図の頁も所在指示されています。「主見出し語」を理解するために、この図が必要だと考えるからです。

　補遺や付録を索引対象に含めるかどうかは、その主題によるでしょう。たとえば、本文に「憲法」について言及していて（当然索引には見出し語がとられています）、補遺に憲法原文が掲載されているような場合は、補遺に憲法原文があることは、所在指示で示すべきだと思います。しかし、主題によりますが、

第**5**章　索引の作り方

憲法の各条文を索引対象にする必要はないと思います。

(2)　索引対象としない部分

標題紙（扉）、著作権表示、出版履歴、献辞、目次、各章のタイトル、図表リスト、梗概、抄録、書誌、参考文献、用語集、広告、著者紹介は、通常索引対象としません。これらについては、凡例で索引対象にしていないことを記述する必要はありません。

もちろん、もし上記のような部分が、特定のトピックとかかわりがあり、必要があれば索引の対象とします。そのことは、凡例に明示します。

目次は、索引の対象とはしません。目次の語や文章は、読者に本文の構造や骨格、アウトラインを示すもので、情報内容を含んでいません。

各章・節のタイトルには、当然ながら見出し語にとるような語が含まれますが、時には読者を引きつけるためにキャッチコピーのようなフレーズも使ったりします。各章・節のタイトルは、見出し語を選択するときの参考としますし、結果としては、見出し語となることはあります。しかし、それ自体は索引の対象とはしません。

書誌、参考文献リストも、一般的には索引の対象とはしませんが、それが収録されていることは見出し語にとり、所在を示してもいいと思います。また、参考文献の内容は、数が多いならば見出し語にとっていると便利だと思います。少なければ、たいていは著者名順など一定の規則で配列しているので、一読で探すことができます。私は、解説をつけた参考文献は、索引対象にしたことがあります。

用語集は、一般的には、索引の対象にしませんが、「用語集」という語は見出し語にとってもいいと思います。私は、教科書やマニュアルのような本に対しては、あえて用語集も索引対象として、個々の用語を見出し語にとりました。

3.　本の内容の把握

まず、1回目は校正ゲラを通読して、全体の構造や著者の論旨を客観的かつ正確に把握します。

2回目は、各章ずつ見出し語にマーカーで印をつけたり、余白に見出し語な

どを記述しながら読んでいきます。手元に、その本の分野の事典や辞書、シソーラスなどの参考資料、あるいはデータベースや Web サイトがあると語彙を調べる際に便利です。

　著者は、一つの主題やトピックを説明するために、多くの語句を含む複数の文章を使い、論理的に文脈を構成します。

　山田常雄は、主題について、"主題は、一つの概念で表現しきれるものではなく、複数の概念が相互に関係しあって成立するものである"といっています。そして "複雑な内容を比較的単純な仕組みで伝達しようというのであるから、見出し語とその対象の距離はいっそう大きくなる恐れがあるといってよい。この距離をできるかぎり小さくすることが索引作成者の務めである" とも述べています[8]。

　また、緒方良彦は主題分析の方法について、"複雑多様な内容・構造を持つ主題" を "よく吟味しながら、主題の核をなす主題中心と、それらを修飾・限定する主題要素に分析して、それらを構造的に把握することである"[9] といっています。

　私は、マークをつけたあとで、もう一度読み直して、意味のあるまとまった情報内容の把握に誤りや漏れがないか、それに伴う見出し語の選択についても確認します。都合、索引作成のために、最低でも 3 回は校正ゲラを通読することになります。

3.1　トピックの把握の重要性

　意味のあるまとまった情報内容をトピックということにすれば、その把握とそれに伴う見出し語の選定は、最も重要な作業であると同時に、索引作成者が最も悩む作業で、マニュアル化できない部分でもあります。

　把握したトピックに対して、どのような見出し語にするかはあとでいくらでも検討できますが、ここで重要なトピックを落とすと、最後まで索引に反映されません。この段階では、必要だと思うトピックと、それを適切に表現し、読者が引くと思う見出し語は拾っておく方がいいと私は思います。索引の編集の段階で、見出し語を削除したり変更することはいくらでも可能です。

　見出し語は、原則的に名詞か名詞句です。見出し語の選定は、読者を念頭に

第**5**章　索引の作り方

おき、読者が何を探すか、そのときにどんな語でアクセスするかを考えます。

3.2　トピックの把握のしかた

　まず、章の中の、節や項の見出しを追います。見出しに、その章や節や項の内容を代表する語が含まれている場合もあります。しかし、章や、節、項の見出しは、本文のアウトラインを示しているにすぎません。節や項の見出しを、索引の見出し語にとるのではなく、あくまでも文章の内容を分析して、トピックを選定します。その結果、節や項の見出しが、索引の見出し語になる場合もあります。

　次に段落ごとに、議論されているテーマやトピックを把握します。その段落では著者は何を言おうとしているのか、何が書かれているのか、そして、読者はそのトピックを探すときに、何という言葉を使うかを考え、それを見出し語にとります。見出し語は、文章中の語と同じになることが多いですが、それは、分析した情報内容にあてはまる語は、文章中に使われる語が多いということです。

　同時に、図表や写真、注などその他の索引対象にしている部分も、見ていきます。図表や写真、注は同一頁にない場合がありますので、本文の指示に従いながら、内容を把握します。

4.　見出し語の選定

4.1　見出し語の表現

　把握したトピックを表わす見出し語は、基本的には、文章中に使われている語があれば、その表現を使います。

　たとえば、本文の中で「ヴァイオリンは弦楽器の一つで、現存する最古のものは 16 世紀に製作された……」というような文章で表わされる情報内容があったら、見出し語としては「ヴァイオリン」ととります。「バイオリン」は、参照語となります。

　あるいは「図書館で困ったときに、図書館員は情報の専門的な知識をもって……」というような文章では「司書」ではなく、本文での表現「図書館員」を

見出し語としてとります。ところが、読み進んでいくと「司書」という語で表現している場合が出てきます。このような場合は、本文の用語を統一するか著者に問い合わせる必要があるでしょう。文章の表現によっては、統一できないかもしれませんが、その場合はどれかを代表的な見出し語として参照します。

　見出し語は、そのトピックを表わす、できるだけ明確で簡潔な語が適しています。索引は通常2段組で組まれ、1行の字数が少ないので、所在指示を含めて、できれば折り返ししないで表記される見出し語の方が、読者にとって見やすく探しやすいと思います。

4.2　印のつけ方

　文章や図表など索引対象にある語をそのまま見出し語にする場合は、その語を囲ったり、蛍光ペンでマーキングします。

　トピックに該当する適切な見出し語が文章中にない場合は、索引作成者が適切な見出し語を付与します。あるいは、文章中の見出し語に語を追加したり、さらに参照をつけたりします。これらは、あとからわかるように工夫して、余白に書き込みます。

　「特定保健用食品（トクホ）」のように、文章中に言い換えがあった場合には、両方の語を見出し語として選びます。このような記述は、通常「トクホ」から「特定保健用食品」に参照されるケースです。「トクホ →特定保健用食品」のように余白に書いてもいいでしょう。

　「特定保健用食品の審査」や「特定保健用食品の対象」のような副見出し語を含んでとる場合もあります。ゲラの「特定保健用食品」にマーキングして、そばの余白に「の審査」のように書いたりします。副見出し語は、索引を編集する際に見直しますが、見出し語を選定しているときにも、このように記入しておきます。

　頁が複数にわたる場合には、「特定保健用食品　-75」のように、見出し語のあとに最終頁を書いてもいいでしょう。図表や写真など文章以外からとった見出し語に、fなどの記号をつけておく方法もあります。

　そのほか、選定をしている際に気がついたことは、メモをしておきます。たとえば、人名や難読語の読みを記入したりします。

第**5**章　索引の作り方

　このようなゲラへの印のつけ方は、索引作成者それぞれがわかりやすい方法で行なえばよいと思います。

4.3　特定的な語をとる

　見出し語は、できるだけ特定的な語を選択します。「大学図書館における電子書籍」について書かれているならば、「大学図書館」「電子書籍」という、できるだけ特定的な語をとります。「図書館」「書籍」のような上位語はとりません。もちろん、索引の編集の段階で「公共図書館」や「学校図書館」などの見出し語が選択され、読者が「図書館」という語で索引を引くと考えるならば「図書館」という主見出し語を作り、副見出し語を羅列することはあります。しかし、このような場合でも「大学図書館」という主見出し語は必要でしょう。

　また、著作権に関する本で、著作物の海賊版に関する議論に対して「著作物：海賊版」（著作物が主見出し語で海賊版が副見出し語）のようには見出し語をとりません。「海賊版」ととります。

　なぜならば、この本は著作権に関する本ですから、全部が著作権に関係する事柄を論じています。「著作権」「著作物」という見出し語もとりますが、そこには著作権や著作物の定義や概念などを記述した頁だけを所在指示します。

　さらに、「漫画の海賊版」「ソフトウエアの海賊版」について議論されているならば、「海賊版：漫画」「海賊版：ソフトウエア」のように副見出し語の指示をする場合もあります。文章に現われている「漫画の海賊版」「ソフトウエアの海賊版」にマーカーをして、あとで整理してもいいでしょう。「漫画」や「ソフトウエア」も見出し語になるかもしれません。

　なお、一つの章全体で一つの見出し語をとって、章の初めから最後までの頁を指示することも、普通はしません。節や項については、その内容によると考えます。

4.4　付随的な語はとらない

　見出し語を選定するには、一つの段落の中で、何が重要なトピックで、何が付随的なトピックなのかを区別します。

　言い方を変えると、索引で引いた見出し語の頁を開いたときに、その見出し

語が表わしている情報内容が、そこに書かれていなければならないということです。単にその見出し語がその頁にあっても、あるまとまった内容がなければなりません。

たとえば、日本の観光の歴史を綴った本の中で、「戦後の海外旅行のブームは、映画、歌謡曲、テレビ・ラジオ番組、雑誌、ガイドブックなどの大衆メディアが果たした役割が大きい」と書かれていたとして、これらの「映画」「歌謡曲」「テレビ・ラジオ番組」を見出し語とする必要はないと考えられます。

あるいは、情報検索に関する本で、検索手順の実例を示した下記のような文章の中で、「拒食症」という見出し語はもちろん「遙かなる影（Close to you）」という楽曲名も「カーペンターズ」というアーチスト名もとりません。

> 「子どもの拒食症について調べたい」というテーマで、実際に適切なキーワードを見つけ出す手順をたどってみましょう。
> 拒食症は 70 年代「遙かなる影（Close to you）」などのヒット曲で知られるカーペンターズという兄妹デュオの妹カレンが発症し死去したことで、一般にも知られるようになりました。よりスリムでありたいという女性の願望が、拒食症を生んできたと思われていますが、最近では子どもの発症も多くなってきています。
> では、まず始めに、「子どもの拒食症」を概念に分けます。「子どもの拒食症」は「子ども」と「拒食症」の二つの概念に分けられます。

ただし、読者が何でもない言及や本旨ではない部分に、興味や意義を見出すことはありますし、また、その本旨ではないエピソードなどを手がかりに、索引を引きたいということもあるでしょう。ですから、すべての読者が満足する索引を作成するのは無理だといえます。

4.5　固有名詞

固有名詞（人名、地名、機関名、資料名、商品名など）は、読者にとって目につきやすく、記憶にも残ります。したがって、比較的よく見出し語として選択されます。

ただし、「日産やトヨタといった大企業は……」「ちなみにグーグルで調べてみると……」「第2章で述べた芭蕉の句ではありませんが」のように、他の固

115

第**5**章　索引の作り方

有名詞でも代替えできるような例示であったり、著者の述べたいトピックとは直接関係なく付随的に述べられたりした、固有名詞「日産」「トヨタ」「グーグル」「芭蕉」は通常は選択しません。

　読者が、その固有名詞について、何か知ることができるような内容が書かれているかどうかを考えます。

　ですから、ある頁で見出し語としてとった固有名詞が、別の頁に出てきても、その頁に情報の内容がなければ、見出し語としてとらない場合があるのです。固有名詞が現われたら、片っ端から印をつけるというようなことのないようにします。

（1）　人名

　人名は、本文中に姓や名、通称名など（例：ニュートン、漱石）だけで示されている場合でも、見出し語としては、姓名をとり、必要ならば参照を付します。

　外国人名を表記する場合は、カタカナでも原綴りでも、姓名の順番に倒置して、コンマで区切ります。

　【例】　夏目漱石
　　　　　Natsume, Soseki
　【例】　×アイザック・ニュートン
　　　　　○ニュートン，アイザック
　　　　　○ Newton, Isaac　あるいは　Newton, I.

　外国人名の場合は、原綴りのみで見出し語をとると、読者が探せない場合があるので、特に、本文中にカタカナで記述されている場合には、カタカナの姓を見出し語として、参照するとよいでしょう。

　【例】　ニュートン　→ Newton, Isaac
　　　　　［和文索引から欧文索引への「を見よ」参照］

　人名でも、複数の名前を持っていたり、名前が変わった場合には、参照やダブルポスティングする必要もあるでしょう。ダブルポスティングについては、第2章（p.66）で説明しています。

116

【例】 悠木千帆　→樹木希林

（2）　組織名

　組織名は、本文に現われたとおりにとりますが、正式名称と略称（例：日本放送協会と NHK）のようなケースがよくあります。参照を使って、どちらからでも引けるようにします。

　欧文の組織名は「UNESCO」など、一般的に良く知られている略語（頭字語）で、完全な組織名「United Nations Educational, Scientific and Cultural Organization」や「国際連合教育科学文化機関」を思い出しにくいような場合には、略語とその日本語略称「ユネスコ」だけを見出し語にして、ダブルポスティングや「を見よ」参照をすればよいでしょう。

　一方、「JOC」は一般的に知られていますが、和文正式名「日本オリンピック委員会」や英語名「Japanese Olympic Committee」もあります。どの組織名を見出し語としてとるか、参照の必要があるかどうか、またダブルポスティングをするかどうかを決めます。

　また、組織名の略語や正式名称のあとに、それぞれ正式名称や略語を補足するのは、判別のために有効ならば記述します。

【例】［ダブルポスティングをする］
　　　　Japanese Olympic Committee（JOC）　254
　　　　JOC（Japanese Olympic Committee）　254
　　　　日本オリンピック委員会（JOC）　254

【例】［ダブルポスティングしない］
　　　　Japanese Olympic Committee　→ JOC
　　　　JOC（Japanese Olympic Committee）
　　　　　選手育成　26
　　　　　理念　12
　　　　日本オリンピック委員会　→ JOC

（3）　地名

　地名も、本文に現われたとおりに見出し語をとりますが、通称が用いられていたり、同じ地名が別の地域にあるような場合があります。その場合には、正

第**5**章　索引の作り方

式名称を見出し語に追加したり、参照をつけたり、限定詞をつけたりして区別
します。

【例】　出羽富士［本文］　　鳥海山［索引で追加］
【例】　山形［本文］　　　　山形県［索引］

(4)　資料名

　図書や論文などの資料名も、本文に現われたとおりに見出し語をとります
が、通常は、記号やフォントを使って一般名詞と区別をします。和文では二重
鉤括弧、欧文ではイタリック体がよく使われます。和文索引において、同名資
料がなく、読者が見出し語の識別ができるならば、原書名を付記する必要はあ
りません。

4.6　適切な語がない場合

　見出し語とすべき語が、文章の中になく、索引作成者が自分で作成したり、
読者の視点から別の語を見出し語にする場合もあります。

　たとえば、温暖化現象を説明している段落で「……山林から出火し年間約数
万平方キロメートルが焼失している……」という文章で、各地の火災の実態が
明らかにされているとします。しかし、その文章の中には、索引の見出し語と
なるような、このトピックを表わすピッタリとした名詞はありません。そこで、
索引作成者は「山火事」という見出し語を考えます。このように、本文中の語
をマークするのではなく、索引作成者がつけ加える場合には、ゲラの余白に書
き込みます。

　また、「山火事」には同義語として「山林火災」があった方がいいかもしれ
ません。そのことを、印をつけている段階で気がついたら、これも余白に「を
見よ」参照を示す印をつけて「山林火災」を書いておきます。また、別の段落
で「森林火災」という語が出てきたら、「山火事」ではなく「森林火災」の方
が見出し語として適切だと考え直すかもしれません。あるいは読み進むうち、
「泥炭地」も関係していることが明らかになったら「をも見よ」参照が必要に
なるかもしれません。これらの見出し語や参照は、語の選定をしている段階で
も、索引の編集の段階でも、参照を変更したり、つけ加えることができます。

118

5. 索引原稿の作成

　校正ゲラにマークや記入をしたあと、マイクロソフト社の Excel や Word などのソフトを使って入力し、索引原稿を作成します。この際に使用するソフト、ならびに索引のレイアウトや配列などは、事前に確認した方法に準じます。

　ここで作成された原稿は、一時的なもので、そのあとの編集の段階で全体を見直し修正します。

　マークがついた校正ゲラを見ながら、まず、主見出し語、副見出し語を入力します。これらに限定詞がつくこともあります。ゲラに記述された参照も、決められた様式に従いここで入力します。

　次に見出し語に対する頁番号を入力します。頁がまたがる場合は、はじめの頁とおわりの頁をハイフンでつなぎます。図表や注記などの頁番号に、特別な記号やフォントを使う決まりがあるならば、ここでそれも考慮して入力します。

　私は、この段階で Word を使って見出し語を、配列しながら入力しています。同じ見出し語が出てきた場合は、この段階で所在指示も数字順に配列し、コンマで区切って入力します。改行式の索引ならば、字下げも規則に従って入力していきます。

　これとは別に、Excel で全部入力して、そのあとで配列するという方法もあります。この場合は、列見出しとして、主見出し語、副見出し語（時には副々見出し語）、頁番号、参照などを設定し、読みを入力してソートします。そのあとで、Word にコピーしたりインポートします。この方法は、頁順に入力された見出し語のファイルが残りますので、次項で述べる改訂版の索引を作成する際に便利かもしれません。

　印をつけた校正ゲラから入力して原稿を作成している間にも、主見出し語を変更したり、副見出し語を追加したり、所在指示を削除したり、参照を加えたりといった修正を加える場合もあります。

　すべての索引項目を、決められた様式に合わせてタイプしたあと、もう一度校正ゲラから抽出した索引項目と比べて、とりこぼした見出し語や主題がない

第**5**章　索引の作り方

か、所在指示に間違いがないかを確認します。レイアウトや配列、フォントなども、もう一度見直します。

　印をつけた校正ゲラは、索引が完成するまで保存しておきます。

6. 改訂版の索引作成

　改訂版の索引作成は、元の版の索引原稿がデジタル形式で残っているならば、それを利用すると良いと考えます。ただし、元の版の索引があまり良くない索引だと判断されるなら、初めから作り直すのが良いでしょう。

　本文の改訂が、語句や文章の差し替え程度で、特定の章や節でとどまり、全体の頁の移動がないならば、その改訂部分の校正ゲラで、新たに見出し語の抽出や編集を行ない、もとの版の索引全体の構造と照合して、整合性を取る方法で作成できます。

　しかし、改訂する内容にもよりますが、章をまたいだり、全体にわたるような改訂の場合は、当然頁も移動するので、索引も新たに改訂したほうが良いと思います。私は、自著を3回改訂していますが、頁の移動がありましたので、その都度、前回の索引を参考にしながら、初めから索引を作り直しています。

7. 事例

　ここでは、索引作成の実際を、事例を挙げて説明します。

　122頁から126頁までの縦組みの文章は、拙著『自分でできる情報探索』（ちくま新書，1997）の第2章「情報と情報流通」の最初の文章の一部分を、本書の事例用に作り直し、校正ゲラのイメージにしたものです[10]。この校正ゲラを例にして、索引作成のプロセスをたどってみましょう。

7.1　ステップ1　事前確認

　この本は、百科事典からデータベース検索まで、情報探索の基本的な考え方と技法をわかりやすく述べた新書です。したがって、読者は一般の人を想定しています。

索引作成を始める前に、出版社と、スケジュール、索引の頁数、索引原稿の様式などについて打ち合わせをします。

この索引では、索引対象は、本の最後にある参考文献を除き、序文、本文と図表、注とします。それらから、必要な事柄や固有名詞を見出し語として選択し、一つの主題索引として編集します。

索引項目は改行式で、副見出し語は主見出し語から2字下げ、参照は見出し語と所在指示のすぐあとに「→」(「を見よ」参照)、「⇒」(「をも見よ」参照)をつけて記述します。

所在指示は、見出し語のあとに追込みで、完全記述し、図表は、「図」「表」、注は「注」を所在指示のあとに記述します。重要な部分の所在指示はゴシック体で示します。

7.2 ステップ2 本の内容の把握

まず、校正ゲラの目次から最後まで通読し、全体的な構造や論旨を把握します。2回目は、ペンを手に、もう一度本文を読み進み、マークをつけます。

7.3 ステップ3 見出し語の選定

第2章「情報と情報流通」は29頁に章扉があり、30頁から46頁まで続いています。章タイトルにある「情報」「情報流通」は、この章を通じて鍵となる語であることは間違いないですが、章タイトルは索引の対象ではありませんのでマークはつけません。

30頁の初めの段落も、この章の説明ですから、ここで「情報」や「情報流通」の見出し語はとりません。

「情報と情報メディアは違う」という小見出しは、この項目で何が述べられているかを簡潔に示しています。しかし、これも索引の対象ではありませんので、ここでは見出し語は選択しないで、文章を読み進めます。

この項目の二つの段落では、情報と情報メディアの違いを説明しています。ですから、ここで「情報」と「情報メディア」という語を見出し語として選択します。「情報メディア」のうしろに「(媒体)」という表現があります。これは「情報メディア」を「媒体」といい換えているので、余白に同義語として

第5章　索引の作り方

人間と人間とのコミュニケーションで交わされる情報は、私達の脳の中から生まれます。

脳の中では、常にものを考えたり、感じたりしています。その脳の中に生じたアイデア、考え、感情、概念、イメージなど、それが情報のもととなります。情報とは、一言でいうと、人と人の間で伝達されるメッセージや感情などの内容となります。

一方、情報メディアとは、こうした情報を外部に表現し、伝達するための方法や手段、道具、機器、システムなどをさします。

「目は口ほどに物を言う」

さて、情報というと、文章や会話など、言語で表現される論理的なものを想像しがちですが、私たちの日常生活を見てみると、必ずしも論理的なものばかりで成り立っているのではありません。

高橋憲行は、情報の本質を、顕在的、論理的、言語系情報から、潜在的、非論理的、非言語系情報までのピラミッドとしてとらえ、これを図に表わして説明しています〔図2参照〕。

すなわち、統計データなど完全に数値で語れる情報は、最も論理的な情報で「計量型情報」です。計量型よりもやや非論理的ですが、図書や新聞など、文章で論理的に表現され

7. 事例

情報とは何か

情報と情報メディアは違う

情報とは何か、情報はどのような特性をもっているのか、情報流通のしくみはどうなっているかなどについて、明確に把握しておくことは、情報探索を成功させるための基本的な知識となります。そこで、実際に情報探索を行う前に、情報の基本的な概念を把握しておきましょう。すでに、そうしたことをよくご存じの方は、この章を飛ばしてください。

情報の具体的な例をあげてくださいといわれて、何が思い浮かぶでしょうか。「テレビ」「新聞」「ニュース」「天気予報」「信号」などいろいろあげられると思いますが、最も多いのが、情報と情報メディア（媒体）を混同してしまうことです。私たちは、文字や通信機器などの情報メディアをかりて、情報を表現したり、情報を他人に伝達します。ですから、まず眼に、耳にするのは、情報メディアです。でも、私たちが本当に知りたいと思っているのは、そのメディアにのっている、あるいは包まれている情報の内容や中身、メッセージです。そこを間違うと、私たちは情報メディアに振り回されることになります。

〜34　＝媒体

30

感覚的情報は、情報量が多く、コンピュータにのりにくい情報です。最近では、絵画や写真などのイメージ情報もコンピュータ処理ができるようになっています。しかし、最も感覚的な情報はおそらく永遠にコンピュータ処理は難しいでしょう。

さて、私たちが情報行動を起こしたり、情報を判断したりする場合、市場に流通し、経済的な価値のある情報だけではなく、こうした非論理的感覚的情報が、重要な位置を占めています。

たとえば、学校の講義では、主に論理的な知識や技術を学びますが、教師との視線の交差や教師の手の動き、口調などの感覚的情報が、学生の講義内容の理解に大きな影響を与えています。教師も、学生のちょっとした動作、たとえばあくびや鉛筆を持つ手の動きなどを見ながら、講義の速度を調節したり、話題を変えたりして、論理的な情報を伝えようとします。

営業マンは、顧客を説得する場合、論理的で客観的なデータや資料を図や表で示すと同時に、自分自身の服装を整え、笑顔を絶やさず、好感を持たれる態度で接するよう努力します。これも論理的情報と感覚的情報を駆使して、情報を伝達している例です。

論理的な情報と、感覚的な情報の間は、明確な区分があるわけではありませんが、私たちは、この広い範囲のさまざまな情報を、毎日、五感で感じながら、意識するしないにか

33　第2章　情報と情報流通

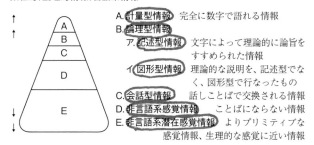

図2 情報のピラミッド

れる「記述型情報」や、概念図や図形で表わされる「図形型情報」は、論理型情報といえます。会議や会話などの「会話型情報」は、やや論理性に欠けますが、臨場感のある情報です。

これらに対して、絵画や音楽、写真、あるいは人の態度というようなビジュアル情報は、言語では表現できない、むしろ感覚的で非論理的な情報といえます。これを高橋憲行は、「非言語系感覚情報」と言っています。

さらに、本人は意識していないけれども外部に表れてしまう、より原始的で最も感覚的な情報を「非言語系潜在感覚情報」としています。

論理的言語的な情報は、コンピュータにのりやすい情報です。それに対して、非論理的

かわらず、使い分け、情報を発信したり、受け取っています。

「目は口ほどに物を言う」ということわざがありますが、わたしたちは、昔から情報をじょうずに使い分けながら、伝達したい情報内容を伝えたり受けとって、情報を利用し、生活を営んでいるのです。

情報は複製しても価値が変わらない

情報が、物と異なる最も著しい特徴のひとつは、複製をすることが可能で、複製してもその価値が変らないことです。

（略）

注・引用文献

（1）高橋憲行．戦略発想時代の企画力．実務教育出版、一九八四、二四─三三頁．

「＝媒体」と書き込んでおきます。

　次の小見出し「情報とは何か」の初めの段落で、著者は情報を定義しています。そこで「情報」をマークし、余白に「－定義」と、とりあえず副見出し語を書いておきます。次の段落では「情報メディア」を定義しています。ここでも「情報メディア」をマークし、「－定義」と書いておきます。

　次の「目は口ほどに物を言う」という小見出しは、著者が何をここで言いたいのかを示す見出しというより、読者を引きつけるためのようです。これも見出しなので、索引の対象ではありません。

　二つ目の段落では、「高橋憲行」の著述から引用する形で、情報を説明しています。「高橋憲行」も見出し語としてとっておきます。そのあとに「（図２参照）」とありますが、この頁にはないので、次頁を繰ると「図２　情報のピラミッド」というキャプションで図があります。「情報のピラミッド」という言い方は、文章では「情報の本質を、顕在的、論理的、言語系情報から、潜在的、非論理的、非言語系情報までのピラミッドとしてとらえ」となっています。そこで、「情報」にマークをつけ、「のピラミッド」と余白に書きこんでおきます。「図２　情報ピラミッド」というキャプションにもマークをつけます。

　また、二つ目の段落の最後に注番号（1）があります。46頁の第2章の最後に注が記載されていますので、それを見てみます。すると、この注には、出典となる書名や出版社などの情報が掲載されているだけなので、ここからは見出し語はとりません。

　次にこの情報のピラミッドの「計量型情報」「記述型情報」「図形型情報」「論理型情報」「会話型情報」「非言語系感覚情報」「非言語系潜在感覚情報」が説明され、括弧でくくっていることから、見出し語としてとっておきます。図２にも示されています。

　さらに、読み進むと、32頁のこれらの情報ピラミッドの各情報を、著者は「論理的言語的な情報」と「非論理的感覚的情報」という二つの傾向に分けて、事例を挙げて説明しています。それは、34頁まで続き、「目は口ほどに物を言う」という小見出しに戻っていきます。この諺は、一つのキャッチコピーです。ですから、これはとらないことにします。

　しかし、「論理的言語的な情報」と「非論理的感覚的情報」は見出し語とし

第**5**章 索引の作り方

てとります。

見出し語としては「論理的言語的な情報」ではなく「論理的言語的情報」の方がよさそうです。語の統一が取れていないと考えるならば、著者と相談する必要があるかもしれません。この二つの見出し語は、32 頁から 34 頁までの間で説明されています。そこで、余白に「〜 34」のように書きこんでおきます。

次の 34 頁の小見出しは、「情報は複製しても価値が変わらない」となっていて、話は情報の価値に移っていきます。

この 2 章は情報と情報流通について、いろいろな観点から述べていて、ここまでのところ、情報と情報メディアを定義し、情報の本質的なとらえ方を示しているといえます。「情報 ― 定義」として副見出し語を暫定的につけましたが、「情報 ― 本質」「情報 ― のとらえ方」などの副見出し語をつけるかどうかは、全体の見出し語を見て考えたいと思います。とりあえず、「情報」について概観している部分なので、初めの 30 頁の「情報」のところに「〜 34」のようにしておきます。

7.4 ステップ **4** 索引原稿の作成

索引原稿をどのようなソフトを使って作成するかは、それぞれの出版社によって異なります。ここでは、Word で作成することを想定します。

校正ゲラを見ながら、決められた配列で入力していきます。今回の見出し語だけでは以下のようになります。

7. 事例

会話型情報　32, 32図
記述型情報　32, 32図
計量型情報　31, 32図
情報　30-34
　　　定義　31
情報のピラミッド　31-32, 32図
情報メディア　30
　　　定義　31
図形型情報　32, 32図
高橋憲行　31
媒体　→情報メディア
非言語系感覚情報　32, 32図
非言語系潜在感覚情報　32, 32図
非論理的感覚的情報　32-34
論理型情報　32, 32図
論理的言語的情報　32-34

　上記が、五十音順にとりあえず並べたリストです。これはまだ索引ではありません。このリストと、校正ゲラをもう一度読み直しながら、見出し語を変更したり、追加、削除したり、階層関係をつけたりします。

　たとえば、「情報」の主見出し語の所在指示「30-34」と副見出し「31」が重複しています。そこで、もう一度校正ゲラを読み直します。30頁から34頁の間には、情報は情報メディアと区別されなければならないこと、情報の定義、情報のとらえ方について述べられています。そこで、

　　ケースＡ：情報
　　　　　──と情報メディア　30
　　　　　──の定義　31
　　　　　──のとらえ方　31-34

のように、副見出し語を作っていくのも一つの方法です。

第5章　索引の作り方

　「情報」は、この本の中心的な主題ですので、その他の部分にもいろいろな観点で議論されています。そのため、情報の主見出し語の下の副見出し語は、以下のようにたくさん並びます。

> 情報
> ──の加工　142
> ──の価値　34-36, 38-39
> ──の価値基準　39-43
> ──の探し方　110, 111図, 122-124
> ──の複製　34-35

　そこで、30-34頁には、定義や類別も含めて、情報について基本的なことを述べていると考え、

> ケースB：情報　30-34

とする方法もあります。読者が情報の基本的な内容を知りたかったら、主見出し語のこの頁を見るでしょう。もし、他の頁にも、情報について述べられていたら、

> ケースC：情報　19-20, **30-34**

のように、重要な部分であることを示すために、所在指示をゴシック体にします。そうすれば、読者は最初にゴシック体の「**30-34**」頁を探すと思います。

　また、「情報のピラミッド」という見出し語は、一つの独立したフレーズととらえてもいいですが、「情報」の下に「──の××」という副見出し語が集まってくると、「情報」の副見出し語としたほうが探しやすいかもしれません。また一方で、「情報のピラミッド」をフレーズとして残す方法もあります。

　「情報メディア」は、30頁に情報とは異なること、31頁に定義が書かれています。見出し語の選択では、仮に「定義」という副見出し語を記述しましたが、他に書かれている頁がなく、「情報メディア」について知りたかったら、この2頁を見ればいいので、副見出し語はやめることにします。

　そうすると、下記のようになります。「情報の探し方」には、「をも見よ」参

130

7. 事例

照もつけました。

会話型情報　32, 32図
記述型情報　32, 32図
計量型情報　31, 32図
情報　19-20, **30-34**
　　──の加工　142
　　──の価値　34-36, 38-39
　　──の価値基準　39-43
　　──の探し方　110, 111図, 122-124
　　　⇒芋づる法；現物法；索引法
　　──のピラミッド　31-32, 32図
　　──の複製　34-35
情報メディア　30, 31
図形型情報　32, 32図
高橋憲行　31
媒体　→情報メディア
非言語系感覚情報　32, 32図
非言語系潜在感覚情報　32, 32図
非論理的感覚的情報　32-34
論理型情報　32, 32図
論理的言語的情報　32-34

　以上に示したのは、あくまで一例で、索引作業の進め方や方法、見出し語の選択や判断は索引作成者によってさまざまです。

注：引用文献

1）藤田節子. 図書の索引作成の現状：編集者と著者への調査結果から. 情報の科学と技術. 2018, 68（3）, p.135-140.

2）Mulvany, Nancy C. Indexing Books. 2nd ed., Univ. Chicago Press, 2005, p.63. 欧米では、MIT Press. Indexing Guidelines for Authors. https://mitpress.mit.edu/sites/default/files/quicklinks/2017-08/indexing_instructions_for_authors_0.pdf,（accessed 2019-06-30）.

第5章　索引の作り方

のように、索引付与のガイドラインやマニュアルがある出版社もあります。

3）Mulvany, Nancy C. Indexing Books. 2nd ed., Univ. Chicago Press, 2005, p.71-72.

4）American Society for Indexing.　Indexing Evaluation Checklist：Books. https://www.asindexing.org/about-indexing/index-evaluation-checklist/, （accessed　2019-06-30）.

5）"16.118 Deciding how many terms to mark". The Chicago Manual of Style. 17th ed., Univ. Chicago Press, 2017, p.962,964.

6）福永智子，海野敏，戸田慎一．わが国の単行書巻末索引の実態．書誌索引展望．1990, 14（3），p.12.

7）藤田節子．図書の索引作成の現状：編集者と著者への調査結果から．情報の科学と技術．2018, 68（3）, p.137.

8）山田常雄．"第3章　見出し語の選定と配列"．索引作成マニュアル．日本索引家協会編．日外アソシエーツ，1983, p.37.

9）緒方良彦編著．インデックス：その作り方・使い方．産業能率大学出版部，1986, p.64, 65.

10）藤田節子．自分でできる情報探索．筑摩書房，1997, p.30-34, （ちくま新書 109）.

第6章 編集と校正

　作成した索引原稿を、全体として見直し、編集し直します。索引の編集作業を行なうには、索引全体を見渡せることが必要なので、パソコン画面ではなく、印刷した紙媒体で必ず見直します。この編集の作業は、ゲラにマーキングをするよりも時間がかかるかもしれません。索引全体を見回すことによって、索引の構造の一貫性、統一性と、規定したルールに従った記述の正確性をチェックします。

　索引作成者は、索引を作成している最中も、本章に述べているようなチェック事項を念頭において、索引作成を行なっています。しかし、索引の原稿が一通り出来上がったあとに、改めて、索引全体の編集を行ない、最終的な原稿に仕上げる必要があります。

　手元にはマークをつけた校正ゲラをおき、時には校正ゲラに戻って、もう一度本文を読み直したり、内容を確認しながら進めます。

　索引は、索引作成者だけでなく、著者や編集者の立場からもチェックし、話し合いによって問題の解決をしなければなりません。索引の配列や所在指示のチェックなどのいわゆる校正については、索引作成者も行ないますが、索引作成者とは別の編集者や校正者が行なうのが間違いを防ぐためによいと考えます。

第6章　編集と校正

1. 編集

索引の編集で最も重要なのは、索引の構造を見直すことです。

1.1　主見出し語

主見出し語は、読者が最初にアクセスする語ですから、たいへんに重要です。

予想される読者にとって、意味のある適切で特定的な語だろうか、読者は、その部分を、その見出し語で探すだろうか、他の語で探そうとしないだろうか、簡潔で適切かどうかなどを吟味します。

たとえば、花粉が原因で起こるアレルギー性鼻炎を、医学用語では「季節性アレルギー性鼻炎」と呼びますが、一般的には「花粉症」といいます。また、秋の季語にある「赤まんま」という植物は、正式には「イヌタデ」というタデ科の植物です。予想される読者は、どちらの語で引くかを考えます。

「研究者のための情報」のように修飾語が前についた主見出し語は、読者が「研究者」でアクセスすると考えられるならば、そのまま採用してもかまいません。しかし、同時に読者は「情報」という語でアクセスしないか、「学術情報」という見出し語が必要ではないか、と考える必要があります。

ただし、たとえば本文の中で"「見えない資産」が増えています"のように、鉤括弧でくくられて、修飾語と一体となって特定の内容を表わしている語については、索引でも修飾語をつけた見出し語としていいでしょう。

(1)　同義語

たとえば「βカロテン」は、一般的に「ビタミンA」といいます。読者のアクセスを考慮して、「ビタミンA」という見出し語を追加し、本文で使用されている「βカロテン」を参照させます。

下記のように、見出し語のうしろに同義語を示していて、「ビタミンA」を見出し語にとっていない索引がときに見受けられます。「βカロテン」という見出し語を引いた読者に、改めて「ビタミンA」という同義語を示す必要はありません。本文中に「βカロテン（ビタミンA）」と記述されていたならば、「βカロテン」と、「ビタミンA」から「βカロテン」に案内する参照をつけます。

134

1. 編集

【例】×βカロテン（ビタミンA）　96-98
【例】○ビタミンA　→βカロテン
　　　βカロテン　96-98

　かぐや姫という物語は、竹取物語とも呼ばれます。下記の例は、ダブルポスティングで、両方に所在指示を付与しています。

【例】×かぐや姫（竹取物語）　98
　　　○かぐや姫　98
　　　竹取物語　98

　基本的には、本文中に用いられている用語を見出し語にとりますが、編集作業をしていて、同義語を追加することもあります。

【例】　チェリスト　56　［本文］
　　　チェロ奏者　を追加する。

　索引原稿をチェックしていて「ソフトウェア　68-71」の主見出し語を読み進み、しばらくして「プログラム」の主見出し語を見たときに、同じ意味ではないかと気がつきます。

【例】×ソフトウェア　68-71
　　　　：
　　　　：
　　　プログラム　68
　　　　索引作成用プログラム　72-73
　　　　情報検索プログラム　71
　　　　ソートプログラム　71

　上記の例では、所在指示が同じではありません。また、「プログラム」には副見出し語があるのに対して、「ソフトウェア」にはありません。
　この本では、68頁に「ソフトウェア、すなわちプログラムについては」という記述があり、ソフトウェアとプログラムを同じ意味に使用しています。このような場合、索引では、両方の語を見出し語として抽出し、参照させます。

第**6**章　編集と校正

各種プログラムの見出し語は必要かどうかを検討し、主見出し語にするのか、除いた方がいいのかを決めます。

　たとえば、各種プログラムを主見出し語にして参照を加えると、下記のような包括的な参照が可能です。頁に余裕があれば、「ソフトウェア」「プログラム」に各種プログラムを副見出しにとることもできます。

　【例】○索引作成用プログラム　72-73
　　　　　情報検索プログラム　71
　　　　　ソートプログラム　71
　　　　　ソフトウェア　68-71　⇒各種プログラムをも見よ
　　　　　プログラム　68-71　⇒各種プログラムをも見よ

　各種プログラム名が必要ないならば、下記のようになります。

　【例】○ソフトウェア　68-73
　　　　　プログラム　68-73

(2)　転置

　主見出し語の始めに、読者がアクセスする重要な語がきているかを確認します。

　たとえば、「アラビア人名」「日本人名」「中国人名」などの主見出し語があるとします。これらは、配列すると、それぞれ五十音順の別々の場所に位置します。索引原稿を全体的に眺めて、「人名」という主見出し語を立てた方が良いと判断したならば、それぞれを副見出し語とするような編集をします。

　【例】　アラビア人名　168-169
　　　　　中国人名　167-168
　　　　　日本人名　169

　【例】　人名
　　　　　アラビア人　168-169
　　　　　中国人　167-168
　　　　　日本人　169

1. 編集

　あるいは、このように所在指示が連続している場合は、

【例】　人名　167-169

という方法もあります。

（3）　一貫性

　下記の例では、「犬」の下には副見出し語がありますが、「猫」の主見出し語
では所在指示が 14 頁あり、統一性がないように思われます。校正ゲラにもど
り、本文を確認したうえで、副見出し語が同様に必要ならば作成します。

【例】　×犬
　　　　　——の種類　80-82
　　　　　——の育て方　92-95
　　　　　——の歴史　82-91
　　　　猫　35-49
【例】　○犬
　　　　　——の種類　80-82
　　　　　——の育て方　92-95
　　　　　——の歴史　82-91
　　　　猫
　　　　　——の種類　35-36
　　　　　——の育て方　42-49
　　　　　——の歴史　37-42

1.2　副見出し語の抽出

（1）　所在指示の多い主見出し語

　一つの主見出し語の下に、多くの所在指示があると、読者が迅速に適切な情
報にたどり着くことを妨げる結果になります。一つの目安として、6 〜 7 以上
の所在指示があったならば、それらの頁の本文をよく読んで、できるだけ副見
出し語に分割します（第 2 章 p.50 参照）。

137

第**6**章　編集と校正

【例】×ボランティア活動　11, 130, 131,
　　　　　　132-135, 136-138, 140
【例】○ボランティア活動　11, 130
　　　　——の先駆性　140
　　　　——のための学習　136-138
　　　　——を通した学習　132-135
　　　　⇒状況的学習
　　　　江戸時代の——　131

　このようにすれば、読者は、著者が「ボランティア活動」についてどのような議論を展開しているかが把握でき、副見出し語で、探したい内容（たとえば「ボランティア活動を通した学習」）をすぐに探すことができます。「をも見よ」参照の「状況的学習」も付与することができ、より幅広い理解が得られるでしょう。また同時に、他の副見出し語も目に入りますから、当初考えていなかった「ボランティア活動のための学習」について議論されていることも気がつきます。

（2）　同じ語が含まれる主見出し語

　見出し語を配列すると、下記のように「図表」という主見出し語のほかに「図表の書き方」「図表の引用」「図表のタイトル」という語で始まる見出し語が並んでしまいました。

　主見出し語は「図表」として、「——の書き方」「——の引用」「——のタイトル」のようにまとめると探しやすくなります。

【例】×図表の引用　　189-192
　　　図表の書き方　154-158
　　　図表のタイトル　158-160, 174
【例】○図表
　　　　——の引用　189-192
　　　　——の書き方　154-158
　　　　——のタイトル　158-160, 174

　下記の例は、主見出し語の繰り返しを2倍ダーシで記述している例です。主見出し語の繰り返しは、副見出し語でまとめます。

1. 編集

【例】 ×平均密度（太陽の） 82
　　　── （地球の） 85
　　　── （月の） 83
【例】 ○平均密度
　　　　太陽　82
　　　　地球　85
　　　　月　83

1.3　副見出し語

（1）　副見出し語の数

　主見出し語のもとに、一つの副見出し語しかない場合は、階層を作る意味がありませんから、一つにまとめます。

【例】 ×叢書
　　　　定義　43-44
【例】 ○叢書　43-44

　反対に、副見出し語が多すぎる場合もあります。たとえば、索引頁の１段以上を占めて副見出し語が羅列されている場合は、あまりに特定的に分割している可能性があります。別の主見出し語を作ることができないか、工夫する必要があるでしょう。

（2）　副見出し語の表記

　副見出し語は、できるだけ簡潔にし、重要な語が一番前に出るようにします。

【例】 ×索引
　　　　多出する語の階層化
　　　○索引
　　　　階層化

　除外しても意味の通じる不必要なフレーズや語は省き簡潔にします。

第**6**章　編集と校正

【例】×電子書籍
　　　　　——の歴史と将来
　　　　求められる——の流通
　　　○電子書籍
　　　　　——の流通
　　　　　——の歴史

　逆に、主見出し語との関係が明確ではない副見出し語は、関係が明確になる
ように語を補います。下記の例では、AIと教育との関係が良くわかりません。
AI技術者の教育なのか、AIを教育に活用するのか、あるいはAIの教育にも
たらす影響なのか、読者を迷わせないように、適切な語を補います。

【例】× AI
　　　　　教育
　　　○ AI
　　　　　——による教育

　なお、副見出し語の表記は、形式が同じであると見やすいです。通常は名詞
や名詞句で表わしますが、場合によっては動詞で分けることもあります。下記
の例では、名詞と動詞が混在していますので統一しました。マニュアルなどで
は、動詞を使った方がわかりやすいかもしれません。

【例】×ファイル　73
　　　　　——コピー　89-90
　　　　　——削除　82
　　　　　——を移動する　86
　　　　　——を探す　128-129
【例】○ファイル　73
　　　　　移動する　86
　　　　　コピーする　89-90
　　　　　探す　128-129
　　　　　削除する　82

1. 編集

（3） 副見出し語の所在指示が同じ場合

　副見出し語の所在指示に同じ頁の並ぶ場合も、階層にする必要はありません。下記の例では、「流星群」については、105 頁に記述されているようです。それぞれの流星群は主見出し語とするとしても、流星群には副見出し語はいりません。

　　【例】×流星群　　105
　　　　　　しし座——　　105
　　　　　　ふたご座——　　105
　　　　　　ペルセウス座——　　105
　　【例】○しし座流星群　　105
　　　　　　ふたご座流星群　　105
　　　　　　ペルセウス座流星群　　105
　　　　　　流星群　105

（4） 副見出し語の所在指示の数

　副見出し語も主見出し語と同様に、一つの副見出し語の下に、多くの所在指示があると、迅速かつ容易に情報を探すことができなくなります。一つの目安として、6 〜 7 以上の所在指示があったならば、主見出し語に変えたり、別の適切な副見出し語がないかを検討します。必要ならば、さらに副々見出し語に分割します（第 2 章 p.50 参照）。

1.4　参照

（1）「行き止まり参照」や「堂々巡り参照」

　参照は、参照先を一つ一つ確認し、「行き止まり参照」（参照先がない参照）や「堂々巡り参照」（参照先がまた別の見出し語に案内されている参照）がないようにします。

　　【例】×キャリア教育　　→職業教育を見よ
　　　　　　職業教育　　→キャリア教育を見よ

（2） ダブルポスティング

　「を見よ」参照は、所在指示の数が少なく、副見出し語がないならば、ダブ

第**6**章　編集と校正

ルポスティングにすると、読者の時間を節約することができます。

　ダブルポスティングは、同じ所在指示が示されていることを確認します。

【例】×キャリア教育　37-39, 40
　　　　職業教育　18, 37-39, 40　［所在指示が異なる］
【例】○キャリア教育　→職業教育を見よ
　　　　職業教育　18, 37-39, 40
【例】○キャリア教育　18, 37-39, 40
　　　　職業教育　18, 37-39, 40

（3）「をも見よ」参照

　「をも見よ」参照を持つ見出し語は、必ず所在指示が付与されていなければなりません。所在指示がない見出し語に、「をも見よ」参照がつけられていないでしょうか。

【例】×受け手　　　　　［主見出し語に所在指示がない］
　　　　　⇒利用者
【例】○受け手　30, 31　［見出し語に所在指示がある］
　　　　　⇒利用者

　また「をも見よ」の参照先の見出し語には、所在指示がなければなりません。

【例】×受け手　30,31
　　　　　⇒利用者　　　［「受け手」は「利用者」をも見よ］
　　　利用者　→読者　　［「を見よ」参照で所在指示がない］
【例】○受け手　30,31
　　　　　⇒利用者　［「受け手」は「利用者」をも見よ］
　　　利用者　56　［「利用者」には所在指示がある］

　さらに、「をも見よ」参照を記述する位置が、当初決めた場所に記述されているでしょうか。「をも見よ」参照は、主見出し語のあとに記述する方法と、副見出し語の最後に記述する方法があります（第2章 p.69 参照）。

（4）　包括的参照

　参照には、特定の見出し語に導くのではなく、見出し語を包括的に案内する

1. 編集

参照もあります。

　下記の例では「ミシン」という一般的な主見出し語の下に、各種のミシンを副見出し語にしないで、包括的な参照をしています。あるいは、本の主題や情報内容などによっては、「ミシン」という主見出し語の下に所在指示を示すだけでいい場合もあるかもしれません。

【例】インターロックミシン　79
　　　すくい縫いミシン　79
　　　二重環縫いミシン　78
　　　扁平縫いミシン　78
　　　本縫いミシン　78
　　　ミシン　68
　　　　インターロック――　79
　　　　すくい縫い――　79
　　　　二重環縫い――　78
　　　　扁平縫い――　78
　　　　本縫い――　78

【例】インターロックミシン　79
　　　すくい縫いミシン　79
　　　二重環縫いミシン　78
　　　扁平縫いミシン　78
　　　本縫いミシン　78
　　　ミシン　68
　　　　⇒各種ミシン
【例】ミシン　68, 78, 79

1.5　所在指示

　見出し語の所在指示は、正確に示されているでしょうか。実際に引いてみて、その見出し語に該当する情報内容が、その所在指示で示された箇所に、記述されているか確認します。単純な作業ですが、最終ゲラで頁の移動がある場合もありますから、必ず確認します。

第6章　編集と校正

　一つの見出し語の下の所在指示が、広すぎないかも確認します。下記の例では、「ネットワーク」という見出し語の下に、20頁の範囲を示しています。本文に戻り、分割できないかを考えます。

【例】×ネットワーク　　5-25

　また、特定の所在指示のフォントを、イタリック体やゴシック体で示すべきならば、それをチェックします。図表の所在指示にｆを入れたり、注の所在指示にｎの文字を入れるべきならば、それも確認します。

1.6　凡例の作成

　最後に、凡例の原稿を作成します。読者は、索引の冒頭についている凡例を丹念に読んでから、索引を探すことはあまりないと思います。索引を引いて、意味のわからない記号やフォントが出てきたり、探している見出し語が見つからないなど、何か不明な点があったときに、読者は初めて凡例を見ます。そのとき、凡例に、正確かつ簡潔な説明があると、索引に対する信頼性が高まります。

　また、凡例は、これまでの索引作成の過程で、方針や方法・様式などについて、きちんと検討と決定がなされていれば、それを読者に対して、わかりやすく記述すればいいだけだとも言えます。

　凡例に記述しなくても、一般的に理解できると考えられる内容は書く必要はないと思いますが、わが国では索引の機能について、良く知られていない場合も多く、欧米の索引に比べると、凡例を多少丁寧に書く必要があるのではないかと考えます。

　凡例に含まれる主な内容は、下記のとおりです（第2章7. 凡例 p.71 参照）。

（1）索引の種類

（2）索引対象の範囲

（3）見出し語の選択基準や種類

（4）配列

（5）所在指示

（6）参照

（7）使用している記号や略語の種類とその意味

（8）使用しているフォントの種類とその意味

2. 校正

索引の編集が終了したあとで、下記のような校正作業が必要となります。

校正作業は、できれば、索引作成者や著者、編集者など、索引作成にかかわった人以外の、たとえば出版社の編集担当者以外の編集者や、校正専門家が行なうことが望ましいと思います。

（1）配列

和文の索引では、主見出し語、副見出し語、参照が五十音順に配列されているか確認します。無視をする語や記号など、その他の配列規則に則っているかも確認します。

欧文の索引では、字順配列や語順配列のどちらで配列しているかを確認し、配列を見直します。

数字や記号の配列も見直します。また、所在指示の昇順配列を確認します。

（2）誤字

誤字や脱字がないか確認します。

（3）所在指示

すべての所在指示は、正確に記述されていなければなりません。読者が所在指示の頁を開いて、該当するトピックが見つからないということは、決してあってはなりません。

索引原稿は、通常頁が確定した再校ゲラなどから作成されますが、その後頁が移動することもあります。最終的に頁が確定した最終校正ゲラと、索引の所在指示を、もう一度注意深く一つ一つ確認する作業が必要です。

同時に、所在指示が、決められた配列規則に従って配列されていること、ならびに図表や重要な頁などを示す、フォントや記号などの記述が正確であることを確認します。

頁の省略が行なわれている場合は、特に注意をして確認します。

第**6**章　編集と校正

（4）　参照

参照の形態や位置、記号が決められた形式に従っているか確認します。

（5）　記号やフォント

すべての使用される記号やフォントが、正しく記述されているか確認します。

（6）　字下げ

決められた字下げのルールに従って、記述されているか確認します。

（7）　段や頁またがり

段や頁の上部に、副見出し語や所在指示がくるなどして、見にくい記述はないでしょうか。決められた形式に従って、正しく修正します。

（8）　索引のレイアウト

索引のタイトル、五十音順の見出し、柱など、索引のレイアウトが整っているか、読者に見やすいレイアウトになっているかを確認します。

3. チェックリスト

索引の評価基準やチェックリストは、さまざまなものが公表されています[1]。それらを参考に、私が実際に索引を評価するときにも行なう方法を加味して、チェックリストを作ってみました。

索引は、限られた時間と出版形態の制約の中で作成されます。本の分野や主題によって、また索引作成者によっても、選択する見出し語も構造も異なりますが、良い索引のポイントは、正確性、一貫性、適切性、簡潔性、そして引きやすいことにつきます。

形式的なチェックは、比較的容易に行なえるのですが、情報内容を分析し、適切な見出し語が選ばれているかをチェックするのはむずかしいものです。有効な方法の一つは、読者になったつもりで、索引から索引項目を 5 から 10 個程度選んで、実際に所在指示の頁を探すことです。見出し語に相当する、適切で実質的な内容が探せたかどうかを確認します。文章の中に単に見出し語があるだけだったり、事柄が書いてあると思って引いてみたら書名だったり、適切な情報内容が見つけられないような見出し語が見つかったら、もう一度索引を見直す必要があります。

146

3. チェックリスト

　もう一つの方法は、本の中から５カ所程度の段落や項目を選び、そこで議論されている内容やトピックを探す際に、引くと思われる、重要な見出し語が索引にあるかを確認します。これは、索引作成における、文章を分析し見出し語を選択するプロセスでもあるので、見出し語はチェックする人によって異なるかもしれませんが、その段落や項目の中心となる見出し語は、あまり大きく揺れることはないと思います。もし、このようにして選択した見出し語が索引にない場合は、索引を見直す必要があると考えられます。

　その索引が、本文だけでなく図表や写真、コラムなども対象としている場合は、必ず、本文以外の索引対象に対しても同様に、見出し語を選択し、索引を引いてみます。本文以外の索引対象は、見出し語が十分選択されていないことがよくあります。

《チェックリスト》

1. 読者の想定

　□ 読者を想定して、索引を作成しましたか？　本の内容だけを見て、索引作成をしていませんか？

2. 索引対象

　□ 何を索引対象としていますか？　索引対象としなかった部分（たとえば図版・写真・表・コラムなど）がある場合、凡例に記述していますか？

3. 凡例

　□ 凡例はありますか？　ないならば、必要かどうか検討してください。

　□ 凡例に書くべき事柄（索引の種類、索引対象の範囲、配列、使用した記号・略語・フォントなど）が、漏れなく、かつ簡潔に記述されていますか？

4. 主題分析と見出し語の選択

　□ 索引項目を 5-10 個程度選んで、実際に所在指示の部分を探してみましょう。見出し語に合った、適切な内容が探せましたか？　実質的な情報を含まない、「見出し語があるだけ」のような所在指示はないですか？

　□ 5ヵ所程度の段落や項、図表などを本から選び、そこで議論されてい

る、主なトピックを探す際に使うと思われる見出し語を、索引で引いてみましょう。その見出し語で、その選んだ情報内容のある場所を見つけられましたか？

5. 主見出し語

□ 主見出し語は、読者が引きそうな語でしょうか？　特定的すぎる語や包括的すぎる語はないでしょうか？　最も重要な語が一番はじめに出ていますか？

□ 所在指示の数が6ないし7以上ある主見出し語はないですか？　もしあったなら、副見出し語に分割できるか検討しましょう。

□ 名詞あるいは名詞句で、簡潔な表現になっていますか？「厳密な定義」「メディアとしての漫画のあり方」のように修飾語がついたり、長い主見出し語はありませんか？　もし、その見出し語が必要ならば、それに含まれる名詞の主見出し語（たとえば「定義」「漫画」）は必要ありませんか？

□ 人名は姓名の順になっていますか？

□ 主見出し語の種類（書名など）を区別するための記号やフォントがありますか？　あれば、そのことを凡例に記載していますか？

6. 副見出し語

□ 副見出し語はありますか？　所在指示が多い副見出し語がある場合は、副見出し語が適切か、副々見出し語が必要かを検討し直します。

□ 副見出し語は、主見出し語との関係が明らかですか？　重要な語が一番はじめに出ていて、簡潔な副見出し語になっていますか？

□ 見出し語の一部分が同じ語を、副見出し語として下位においていませんか？

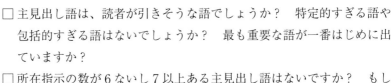

3. チェックリスト

- □ 副見出し語が一つしかない主見出し語はありませんか？
- □ 同じ所在指示が付与された副見出し語が、複数ありませんか？　分割する意味があるか検討します。
- □ 副見出し語が索引頁の1段以上あったら、副見出し語を減らしたり、主見出し語にできないか考えましょう。

7. 参照

- □ 参照がありますか？　ないならば、参照の必要がある見出し語がないか検討します。
- □ 同じ概念を表わす異なる見出し語に、「を見よ」参照がついていますか？
- □ 関連のある概念を表わす見出し語に、「をも見よ」参照がついていますか？
- □「行き止まり参照」（参照先がない参照）や「堂々巡り参照」（参照先がまた別の見出し語に案内されている参照）はありませんか？
- □ 副見出し語がない主見出し語の「を見よ」参照は、ダブルポスティングにできますか？
- □「をも見よ」参照のついている見出し語と、その参照先の見出し語に所在指示はありますか？
- □ 包括的な参照はありますか？あるならば、他の参照とフォントを変えるなど、わかりやすく表示していますか？
- □ 参照で使用した記号やフォントについて、凡例に記述していますか？

8. 所在指示

- □ 所在指示は始めと終わりを指示していますか？
- □ 所在指示は正確ですか？
- □ 範囲が広すぎる所在指示（1-30）はありませんか？
- □ 特に重要な部分の所在指示のフォントを変えていますか？
- □ 図表や注であることを示すために、所在指示のフォントを変えたり、記号を付加していますか？
- □ 所在指示に使用したフォントや記号の使用について、凡例に記述していますか？

第**6**章　編集と校正

□ 所在指示が頁以外の場合、凡例に記述していますか？

9. 配列

□ 主見出し語や副見出し語は、五十音順やアルファベット順、その他の決められた配列規則に従って正確に配列されていますか？

□ 所在指示は、数字の昇順に配列されていますか？

10. 索引頁の長さ

□ 本文の内容や頁数に対して、索引の語数や頁数は十分ですか？

11. 翻訳書の索引

□ 翻訳書の本文頁と索引の頁の割合（あるいは索引項目の数）はどのくらいですか？　原書のそれと比べて著しく低い場合は、主見出し語や副見出し語の分割が少ない場合があります。

□ 原書の索引から五つくらいの見出し語を選んで、それに該当する日本語の見出し語を翻訳書の索引で引いてみましょう。語の表現や意味の違いを加味しながら、所在指示の数、主見出し語、副見出し語、参照を比べてみましょう。

□ 逆に、翻訳書の索引から五つくらいの見出し語を選んで、それに該当する語を原書の索引から引いてみましょう。語の表現や意味の違いを加味しながら、所在指示の数、主見出し語、副見出し語、参照を比べてみましょう。

12. レイアウト

□ 見出し文字をつけていますか？

□ 字下げや折り返しは、決められた規則に従って行なわれていますか？見やすいですか？

□ 句読点や記号の意味や形が一貫性を持って使われていますか？

□ 索引項目が段や頁にまたがっていますか？　またがっている場合は、見出し語を繰り返して記述するなどの工夫をしていますか？

3. チェックリスト

注：引用文献

1）たとえば、下記のような資料があります。

American Society for Indexing. Indexing Evaluation Checklist：Books. https://www.asindexing.org/about-indexing/index-evaluation-checklist/,（accessed 2019-06-30）.

American Society for Indexing. Criteria for the ASI Excellence in Indexing Award. https://www.asindexing.org/about/awards/asi-indexing-award/,（accessed 2019-06-30）.

Cleveland, Donald B. ; Cleveland, Ana D. Introduction to Indexing and Abstracting. 4th ed., Libraries Unlimited, 2013, p.162-166.

"16.333 Index-editing checklist". Indexes: A Chapter from the Chicago Manual of Style. 17th ed., Univ. of Chicago Press, 2017, p.46-47.

Bonura, Larry S. The Art of Indexing. John Wiley & Sons, 1994, p.25-30, 136-141.

用語解説

　この用語解説は、本書を読み進めるために、本書に出現した索引に関係する主な用語を、簡単に解説したものです。対応する英文がある場合は丸括弧で示しました。「→」は「をみよ」を、「⇒」は「をも見よ」を示しています。なお、この用語解説は本書の索引対象になっています。

【あ行】

アルファベット順配列（alphabetical order）　ABC 順に並べること。語順配列と字順配列がある。

アンダーインデクシング（underindexing）　見出し語が少なすぎる索引付与のこと。オーバーインデクシングの反対。

行き止まり参照（blind cross reference）　存在しない見出し語に導く参照をいう。空参照ともいう。

インデックス　→**索引**

オーバーインデクシング（overindexing）　必要以上に見出し語をとりすぎること。アンダーインデクシングの反対。

【か行】

開放型索引（open-system index）　複数の資料や情報源の中から、適切な情報を探し出すために作成された索引。代表的な索引としては、雑誌記事索引がある。書誌的索引、文献索引、題目索引ともいう。⇒閉鎖型索引

空参照　→**行き止まり参照**

巻末索引（back-of-the-book index）　本の末尾についている、本の内容を探すための索引。

機関名索引（corporate name index）　企業、大学、学協会、政府機関などの機関名を見出し語にした索引。

限定詞（qualifier）　見出し語の意味の範囲を限定する語。見出し語のあとに記述する。

五十音順配列　日本語の読みの表記をあいうえお順に配列する方法をいう。

153

用語解説

語順配列（word-by-word arrangement） 単語を配列の単位として配列する方法。

コンコーダンス（concordance） 文章中に出現する語を見出し語として、その位置を示した索引。用語索引ともいう。

【さ行】

索引（index） あらゆるドキュメントの特定の情報内容に容易かつ迅速にアクセスするために、情報内容を表わす見出し語と、参照、所在指示を、一定の規則で配列した構造化されたリスト。

索引語 →見出し語

索引項目（index entry） 主見出し語、副見出し語、参照、所在指示からなる、索引を構成する基本単位。

索引作成（indexing） 見出し語の選定や編成などを行ない、索引を作成することをいう。索引作業ともいう。

雑誌記事索引（periodical index） 複数タイトルの雑誌に掲載された記事や論文を探すために作成された索引。著者名やタイトル、キーワードなどから検索できる。

参照（cross-reference, reference） ある見出し語から他の見出し語への案内。「を見よ」参照と「をも見よ」参照がある。

事項索引（subject index） 人名や地名索引などの索引がある場合に、事項名を見出し語とする索引をいう。巻末索引ですべての見出し語の索引を事項索引という場合もある。その場合は、主題索引と同じ意味で使われている。

字順配列（letter-by-letter arrangement） 語を配列する際、初めから一字ごとに比較して配列する方法。

自然語（natural vocabulary） 普段使っている語。統制語に対して使われる。

シソーラス（thesaurus） 索引と検索のために、語の同義関係や階層関係（上位語・下位語）関連関係などを規定した統制語のリスト。

写本（manuscript） 印刷技術の発明以前の手書きの本。

主題（subject） 中心として論じられている概念、テーマ、トピックなどのことを指す。

主題索引（subject index） 主題を探すために作成された索引。事項索引と同じ意味で使われる場合も多い。

主見出し語（main heading） 索引項目の階層の一番初めに位置する見出し語。

所在指示（locator） 見出し語が示す特定の情報内容が、資料のどこにあるかを指示

用語解説

するもの。本では頁番号が多い。

書誌的索引　→開放型索引

書誌的情報（bibliographic information）　文献や資料を識別するために必要な情報。
著者名、タイトル、出版年などを指す。

新聞記事索引（newspaper index）　新聞に掲載された記事を探すための索引。

人名索引（name index）　人名を見出し語とした索引。著者としての人名も含めることがある。

相互参照　→参照

【た行】

体系順配列（systematic arrangement）　見出し語の読みや綴りではなく、その意味や内容によって配列する方法。分類体系順配列がその代表例。

タイトル索引（title index）　本の中に現れる資料や文献のタイトルを見出し語としたリスト。

題目索引　→開放型索引

ダブルポスティング（double-posting）　読者の便宜のために、「をみよ」参照をしないで、参照先の見出し語に参照元と同じ所在指示を記述すること。

単行本（monograph）　単独で出版された図書。単行書ともいう。

地名索引（geographic index）　地名を見出し語とする索引。

著者名索引（author index）　著者名を見出し語とする索引。

同義語（synonym）　同じ意味を持つ異なる表現の語。

統制語（controlled vocabulary）　索引や検索で使用する語の意味や範囲などを規定した語。自然語に対して使われる。

堂々巡り参照（circular cross-reference）　参照先の見出し語に所在指示がなく、参照元の見出し語を参照していて、所在指示を見つけられない参照をいう。

ドキュメント（document）　媒体を問わず、著作物が記録されているもの。文献、資料、音楽・映像資料、コンピュータファイルなどが含まれる。

【な行】

内容索引　→閉鎖型索引

ノイズ（noise）　探しだされた情報のうち、目的に合致しない不要な情報をいう。

155

用語解説

【は行】

配列（arrangement）　規則に基づいて、一定の順序に並べること。

凡例（introductory note）　本や索引など対象となる資料の、編集方針や使い方、記号・略語などに関する説明を簡潔に書いたもので、資料の前におかれる。

複合見出し語　二つ以上の語を中黒や助詞「と」で結んで、一つあるいはそれぞれの事柄を表わす見出し語。

副々見出し語（sub-subheading）　副見出し語を分割した見出し語。

副見出し語（subheading）　主見出し語を分割した見出し語。

文献索引　→開放型索引

閉鎖型索引（closed-system index）　一つのドキュメントの中での適切な情報を探し出すための索引。内容索引ともいう。代表的なものは本の巻末索引。⇒開放型索引

包括的参照（general cross-reference）　特定の見出し語への参照ではなく、複数の見出し語を包括的に参照指示すること。

【ま行】

見出し語（heading）　情報内容を探す手がかりとなる語で、その情報内容を簡潔に表現したもの。主見出し語、副見出し語、副々見出し語がある。

目次（contents, table of contents）　本の章や節のタイトルとそれが始まる頁を、順番に記載したリスト。

【や行】

用語索引　→コンコーダンス

【わ行】

「を見よ」参照（see cross-reference）　所在指示のない見出し語から、同じ意味を持つ他の所在指示のある見出し語への案内。

「をも見よ」参照（see also cross-reference）　所在指示のある見出し語から、関連する所在指示のある見出し語への案内。

参考文献

天野敬太郎. "索引について". 図書館の学と歴史. 京都図書館協会十周年記念論文集編集委員会編. 京都図書館協会, 1958, p.142-147.

稲村徹元. 索引の話. 日本図書館協会, 1977, 178p.

井上如. 索引論特集①：索引とは何か, 一つの問題提起. 書誌索引展望. 1977, 1(1), p.9-18.

井上如, 太田泰弘, 緒方良彦, 正慶孝, 河島正光. 索引論特集④：座談会「索引とは何か」をめぐって. 書誌索引展望. 1977, 1(1), p.27-46.

上田修一. 索引法の分類と名称. 書誌索引展望. 1989, 13(1), p.1-12.

上松敏明. 講座, インデクシング（索引作成）の方法①：インデクシングとその問題点. 情報の科学と技術. 1988, 38(8), p.413-419.

緒方良彦編著. インデックス：その作り方・使い方. 産業能率大学, 1986, 242p.

緒方良彦. 短期入門講座サーチャーとしての基礎知識④：索引. 情報の科学と技術. 1988, 38(8), p.423-432.

紀田順一郎. "索引の思想". 本の環境学. 出版ニュース社, 1975, p.67-83,（紀田順一郎書物評論集）.

鈴木哲也, 高瀬桃子. 学術書を書く. 京都大学学術出版会, 2015, 155p.

高田定吉. 索引の考察. 太田先生記念　書籍研幾編. 芸艸会, 1934, p.14-19.

竹内寿. IR講座　第8回, 索引作成法. 情報管理. 1971, 13(11), p.723-730.

徳岡孝夫. "索引なき社会"の中から. 書誌索引展望. 1979, 3(1), p.1-6.

戸田光昭. 索引の研究（1）：出版物索引あるいは索引出版物を考える. 文化情報学：駿河台大学文化情報学部紀要. 1999, 6(2), p.57-61.

戸田光昭. 索引の研究（2）：出版物索引あるいは索引出版物を考える（その2）. 文化情報学：駿河台大学文化情報学部紀要. 2000, 7(1), p.43-50.

戸田光昭. 索引の研究（3）：出版物索引あるいは索引出版物を考える（その3）. 文化情報学：駿河台大学文化情報学部紀要. 2000, 7(2), p.35-41.

戸田光昭. 索引の研究（4）：子どもの本の索引を考える. 文化情報学：駿河台大学文化情報学部紀要. 2000, 8(1), p.25-30.

戸田光昭. 索引の研究（5）：観光情報資源としての旅行ガイドブックと索引（その1）. 文化情報学：駿河台大学文化情報学部紀要. 2001, 8(2), p.81-86.

参考文献

戸田光昭. 索引の研究 (6)：観光情報資源としての旅行ガイドブックと索引 (その2). 文化
　　情報学：駿河台大学文化情報学部紀要. 2002, 9(1), p.49-55.

戸田光昭. 索引の研究 (7)：観光情報資源としての旅行ガイドブックと索引 (その3). 文化
　　情報学：駿河台大学文化情報学部紀要. 2003, 10(1), p.61-70.

ナイト，G. ノーマン. 索引：作成の理論と実際. 藤野幸雄訳. 日本索引家協会監修. 日外
　　アソシエーツ，1981, 232p.

中村幸雄. Index と Indexing：用語のむずかしさ. ドクメンテーション研究. 1973, 23(12),
　　p.447-450.

日本エディタースクール編. 原稿編集ルールブック. 第2版, 日本エディタースクール，
　　2012, 78p.

日本索引家協会編. 索引作成マニュアル. 日外アソシエーツ, 1983, 237p.

日本索引家協会編. 書誌作成マニュアル. 日外アソシエーツ, 1980, 202p.

根岸隆. 本の索引について. 学士会会報. 1999, (824), p.91-94.

野末俊比古ほか. わが国の単行書巻末索引のレイアウト. 書誌索引展望. 1992, 16(4), p.1-25.

久源太郎. 本の世界のホントの話. ローカス, 2000, p.52-53., (ローカスなるほどシリーズ).

平松勝利. SIST13 をめぐって：編集者のノウ・ハウとしての基準，出版編集者からの私見.
　　書誌索引展望. 1990, 14(4), p.26-28.

福永智子，海野敏，戸田慎一. わが国の単行書巻末索引の実態. 書誌索引展望. 1990, 14(3),
　　p.1-22.

フーグマン，ロベルト. インデクシングによる情報内容の明示. 荒井啓介ほか訳. 情報科学
　　技術協会, 2000, p.134-168.

藤田節子. 図書の索引作成の現状：編集者と著者への調査結果から. 情報の科学と技術.
　　2018, 68(3), p.135-140.

藤田節子. 料理本の巻末索引の調査分析. 情報の科学と技術. 2017, 67(2), p.82-88.

堀込静香. 書誌と索引. 日本図書館協会, 1990, 306p., (図書館員選書, 19).

松井簡治. 図書の索引. 國學院雑誌. 1898, 4(3), p.229-235.

松村多美子. 講座，インデクシング（索引作成）の方法②：インデクシングとは. 情報の科
　　学と技術. 1988, 38(9), p.517-524.

美作太郎. 索引と著作権. 書誌索引展望. 1982, 6(4), p.1-6.

美作太郎. 出版と著作権. 日本エディタースクール出版部, 1976, 322p.

山﨑久道. 情報貧国ニッポン：課題と提言. 日外アソシエーツ, 2015, 223p.

山本修. 図書索引作成者の養成について. 書誌索引展望. 1990, 7(4), p.8-9.

山本七平. 虚学は "索引のない本". 日本経済新聞社, 1976-04-05, 朝刊, p.11.

和田萬吉. "索引". 日本百科大辞典　第4巻. 三省堂, 1910, p.743-744.

American Society for Indexing. https://www.asindexing.org/.

Australian and New Zealand Society of Indexers. https://www.anzsi.org/.

The Chicago Manual of Style, 17th ed., Univ. of Chicago Press, 2017, 1144p.

Bonura, Larry S. The Art of Indexing. John Wiley & Sons, 1994, 233p.

Booth, Pat F. Indexing : The Manual of Good Practice. K. G. Saur, 2001, 489p.

Bosschieter, Pierke. Back-of-the-book indexing in the Netherlands today. The Indexer. 2006, 25(2), p.86-88.

Browne, G. and Jermey, J. The Indexing Companion. Cambridge University Press, 2007, 249p.

Cleveland, Donald B. ; Cleveland, Ana D. Introduction to Indexing and Abstracting. 4th ed., Libraries Unlimited, 2013, 384p.

Diepeveen, Caroline. Continental European indexing : Then and now. The Indexer. 2006, 25(2), p.74-78.

Diodato, Virgil. Cross-references in back-of-book indexes. The Indexer. 1991, 17(3), p.178-184.

Fetters, Linda K. Handbook of Indexing Techniques : A Guide for Beginning Indexers. 5th ed., Information Today, 2013, 178p.

Hamilton, Geoffrey. How to recognize a good index. The Indexer. 1976, 10(2), p.49-53.

ISO999 : 1996   Information and Documentation -Guidelines for the Content, Organization and Presentation of Indexes. 47p.

Klement, Susan. Open-system versus closed-system indexing. The Indexer. 2002, 23(1), p.23-31.

Knight, G. Norman. Indexing, the Art of : A Guide to the Indexing of Books and Periodicals. George Allen & Unwin, 1979, 218p.

Lancaster, F.W. Indexing and Abstracting in Theory and Practice. 3rd ed., Facet Publishing, 2003, 451p.

Leise, Fred; Mertes, Kate; Badgett, Nan. Indexing for Editors and Authors: A Practical Guide to Understanding Indexes . American Society of Indexers, 2008, 148p.

MacGlashan, Maureen. Around the world: Indexing-related award. The Indexer. 2012, 30(1), p.56.

McMaster, Max. Illustrative material and how to handle it. The Indexer. 2011, 29(3), p.123-126.

MLA Style Manual and Guide to Scholarly Publishing. 3rd ed., Modern Language Association of America, 2008, 336p.

Mulvany, Nancy C. Indexing Books. 2nd ed., Univ. of Chicago Press, 2005, 315p.

参考文献

Society of Indexers. https://www.indexers.org.uk/.

Wellisch, Hans H. Indexing from A to Z. 2nd ed., H.W.Wilson, 1995, 569p.

Wellisch, Hans H. 'Index' : the word, its history , meanings and usages. The Indexer. 1983, 13(3), p.147-151. [戸田慎一, 宮部頼子訳. "'Index' その語源, 意味, 用法". 書誌索引展望. 1989, 13(2), p.13-20.]

Wellisch, Hans H. 'Indexes' and 'indexing' in encyclopedias. The Indexer. 1981, 12(3), p.113-116.

Wheatley, Henry B. How to Make an Index. 1902, 236p. Society of Indexers, 2002ed.

Wheatley, Henry B. What is an Index. 1879, 132p. Society of Indexers, 2002ed.

索　引

作成者：藤田節子・原田智子

凡　例

（索引対象）

1．この索引は、はじめに、本文、図表、注、用語解説に現れた、主な事項名、人名、組織名、資料名、データベース名、ホームページ名などを見出し語としています。ただし、原則として注の引用・参考文献は除いています。

（配列）

2．和文で始まる項目を最初に配置し、見出し語の読みの五十音順で字順配列しています。長音、中黒、括弧等の記号は無視し、拗音、促音、外来語の小字は直音とし、濁音と半濁音は清音としています。数字で始まる見出し語は、和文項目に、読みの五十音順で配列しています。

3．欧文で始まる項目は和文項目の後に配置し、括弧等の記号は無視し、大文字と小文字は同一とみなして、見出し語のアルファベット順に字順配列しています。

（所在指示）

4．見出し語のあとの数字は、本書の頁を示し、数字の後ろの「図」「表」「注」は、該当頁が図、表、注であることを示しています。注のあとの数字は、注番号を示しています。

5．用語解説の頁は、イタリック体で示しています。

（見出し語）

6．資料名は、和文の場合は『　』でくくり、欧文の場合はイタリック体で示しています。データベース名やインターネット情報源は、「　」でくくっています。

7．見出し語の直後の（　）は、その語の意味的な区別や、補足説明を示しています。

8．副見出し語および副々見出し語のうち、主見出し語および副見出し語を含む語は、その位置を──（2倍ダーシ）で示しています。

（参照）

9．参照の指示は、「→」（「を見よ」参照）および「⇒」（「をも見よ」参照）を用いています。

10．複数の参照がある場合は、「；」（セミコロン）で区切り、参照先が副見出し語の場合は「主見出し語‐副見出し語」のように記述しています。

あ

後書き
　──の頁番号の配列　83
　索引対象としての──　108
アメリカ索引協会　36, 73注1, 106
アメリカ図書館協会　19
アラビア数字　58

アルファベット
　──で始まる見出し語　76
　──を含む見出し語　76, 79
アルファベット順索引　37
アルファベット順配列　75, 80-82, *153*
アンダーインデクシング　107, *153*
アンダーライン　61, 96

161

索引

い

「医学用語シソーラス」　21, 42注13
行き止まり参照　65, 141, *153*
イタリック体　96
　　所在指示の──　61
　　資料名の──　57, 118
　　図表の──　62
　　包括的参照の──　71, 136, 143
「医中誌 Web」　21, 42注10
一貫性　137
稲村徹元　39
インデクサー　→索引作成者
インデクシング　→索引作成
インデックス　→索引（広義の）
引用文献　→注

う

上付き数字　82

お

追込み式　87-88
欧文索引　37, 47
　　──の配置　75-76
　　──の見出し文字　98
　　外国人名の──　54-56, 116
大文字・小文字　47
　　──の配列　81
「大宅壮一文庫雑誌記事索引検索 Web 版」
　　21, 42注11
「大宅壮一文庫雑誌記事索引件名項目体系」
　　21, 42注14
緒方良彦　18, 111
『オックスフォード英語辞典』　18
同じ読みの語の配列　77-78
オーバーインデクシング　107, *153*
小山田与清　39
折り返し　89-92
　　──の決定　105

か

改行式　87
　　──の所在指示　88-89
外国人名　54-56, 116
階層化　→見出し語の分割
改訂版　120
概念
　　──の関係　28-29
　　──の分析　→主題分析
開放型索引　20-22, 20表, 42注9, *153*
改名　116-117
外来語の小字　77
科学技術情報流通技術基準　53, 73注2
学術書の特性　34
空参照　→行き止まり参照
冠詞　82
漢数字の頁　58
巻子本　→巻物
巻末索引　17-18, 20-22, 20表, 42注9, *153*
　　⇒索引（本の）
巻末注　→注

き

機関名　→組織名
機関名索引　38, *153*
記号　92-95
　　──の配列　79, 81
　　──の凡例　73
岸本由豆流　39
紀田順一郎　44注34
既読者　27
　　──の索引利用　31-32
脚注　→注
キャプション　109, 125図, 127
共著　36-37
共著者名　108-109
共同著作物　41

索引

く

空白　77
区切り記号　92-95
句読点　92-93
『群書捜索目録』　39

け

形容詞　48
　　⇒修飾語のついた見出し語
『外科診断学』　39
献辞　110
『源氏物語類語』　39
原書名　57, 118
原綴り（外国人名）　54-56
限定詞　48-49, *153*
　　——の配列　79
　　固有名詞の——　56, 57

こ

『広辞苑』　18
校正ゲラ　119-120, 133
　　——への印のつけ方　113-114
　　——の事例　121-128
校正作業　145-146
校正者　133, 145
国語辞典配列　77
国名の略記　93
ゴシック体
　　所在指示の——　61, 96
　　見出し文字の——　98-99
五十音順索引　37
五十音順配列　75, 77-80, *153*
　　——の訓練　40
　　アルファベットを含む見出し語の——
　　　76, 79
　　同じ読みの——　77-78
　　記号を含む見出し語の——　79
　　限定詞の——　79
　　人名の——　79-80
　　数字を含む見出し語の——　76, 79

語順配列　80-81, *154*
語数　106-107
固有名詞　54-57
　　——の選定　115-118
コラム　108
コロン　93-94
　　⇒追込み式；副見出し語への参照
コロンビア大学出版局　43注22
コンコーダンス　23, *154*
コンテンツ　→目次
コンピュータ検索と索引の違い　6, 23-25
コンマ　92-93
　　⇒外国人名；所在指示（本の）の表記；
　　　倒置

さ

索引（広義の）
　　——の一般的な意味　17-18
　　——の英語の意味　18
　　——の種類　20-22, 20表
　　——の定義　19-20, 20図, *154*
索引（本の）　17-18, 20-22, 20表, 42注9
　　——と辞書の違い　46-47
　　——と本の価値　4
　　——と目次の違い　22
　　——の記載位置　85
　　——の機能　3, 6, 26-29, 46
　　——の現状　3, 5-6
　　　⇒索引付与率；索引未発達の原因
　　——の種類　37-38
　　　——の決定　103
　　　——の凡例　71-72
　　——の信頼性　144
　　——のタイトル　86
　　　——の決定　103
　　——のチェックリスト　146-150
　　——の使い方　31-33
　　——の必要性　23-25
　　——の頁数　106-107
　　——の頁付け　85

索引

索引（本の）（つづき）
　──の見やすさ　89-92, 97-99
　──の役割　→　──の機能
　──の歴史　38-40
　──を必要とする本　29
　原稿執筆と──　36-37
索引原稿
　──の作成　119-120
　──の作成事例　128-131
　──の編集作業　133
索引原稿様式の確認　103-105
索引語　20, 20表, 21
　⇒見出し語
索引項目　*154*
　──の言語　47
　──の構成要素　45-46, 45図
　──のレイアウト　86-92
　──の決定　103-105
　段や頁にまたがる場合　97-98, 105
索引作業　→索引作成
索引作成　101, *154*
　──の事前確認　102-110, 120-121
　──の実態　35, 103
　──の事例　120-131
　──のスケジュール　102-103
　──のプロセス　101-102
　欧米の──　36
　改訂版の──　120
索引作成期間（開放型索引との比較）　20表,
　21
索引作成期間（本の）　102-103
索引作成技術　35
索引作成者　20表, 21, 35-37, 102, 133
　──の組織　36
　プロの──　7, 36
索引作成ソフト　105
索引作成法　6
索引者　→索引作成者
索引対象（開放型索引との比較）　20-21, 20表

索引対象（本の）　108-110
　──の凡例　72
索引付与率　29-31
索引未発達の原因　39-40
雑誌記事索引　19, 20表, 21, *154*
雑誌名　→資料名
参考文献　108, 110
参照　19-20, 20図, *154*
　⇒「をみよ」参照；「をも見よ」参照
　──とシソーラス　24
　──の機能　28-29, 45, 45図, 46, 62
　──の選定　112-113, 118, 134-136
　──の凡例　73
　──の表記　62-64
　　──の決定　104
　別の索引への──　55, 56, 63, 116
参照先　63
　複数の──　63-64
　「を見よ」参照の──　64
　「をも見よ」参照の──　68-69
参照元　63
　「を見よ」参照の──　64
　「をも見よ」参照の──　68

し

『シカゴ・マニュアル』　29, 60, 73注1, 103,
　106
事項索引　38, *154*
字下げ　89-92
　──の決定　105
字順配列　77, 80-81, *154*
辞書と索引の違い　46-47
指数　18
事前確認　102-110
　──の事例　120-121
自然語　20表, 21, 24, *154*
シソーラス　20表, 21, 24, *154*
下付き数字　82-83
指標　18
『自分でできる情報探索』　120

索引

写真
　——の所在指示　61, 96-97
　索引対象としての——　108, 109
斜体　→イタリック体
写本　38, *154*
修飾語のついた見出し語　48, 49, 134
重要な所在指示　61
重要なトピック　111
主題　111, *154*
主題索引　37-38, *154*
主題分析　27, 110-112, 118
出版契約書
　索引の——　36, 41
　翻訳書の——　31
主見出し語　45-46, 45図, *154*
　⇒副見出し語；見出し語
　——と副見出し語の関係性　140
　——の省略　53-54, 138-139
　——の所在指示　51
　——の転置　136-137
　——の編集　134-137
　——の編集事例　129-131
種類別索引　37-38
昇順配列　45, 61, 82-83
小数点　82
章全体の見出し語　114
章のタイトル　110
章番号　58
　——の省略　60
商品名　115-116
情報検索のナビゲーションシステム　17
情報の漏れ　23-24
抄録　110
職業別電話帳データベース　40
職務著作　41
所在指示（開放型索引との比較）　20-21, 20表
所在指示（本の）　20, 20図, 45, 45図, 46,
　　154-155
　——の確認　143-144

所在指示（本の）（つづき）
　——の数　50-51, 58, 73注1, 137
　　⇒頁の羅列；見出し語の分割
　——の数（副見出し語の）　141
　——の区切り記号　92-94
　——の区別　61-62
　——の適切な範囲　144
　——の配列　61, 83
　——の凡例　72
　——の表記　58-59
　　——の決定　104
　　——の省略　60
　——のフォント　58, 61-62
　——のレイアウト　88-89
　重要度の高い——　61
書誌　110
『書誌索引展望』　36
書誌的索引　→開放型索引
書誌的情報　20図, 21, *155*
書体　→フォント
序文
　——の頁番号の配列　83
　索引対象としての——　108
書名　→資料名
資料名　57
　——の選定　115-116, 118
印のつけ方　113-114
　——の事例　121-128
事例　120-131
新書　4, 30
新聞記事索引　20表, 21, *155*
人名　54-56
　——の選定　115-117
　——の配列　79-80
　同名の——　57
人名索引　38, *155*

す

数字
　——で始まる見出し語　76, 82

165

索引

数字（つづき）
　——の読み　76
　——を含む見出し語　79, 82-83
数字順配列　75, 82-83
スケジュール　102-103
鈴木哲也　34
図表
　——の所在指示　61, 62, 96-97
　——の事例　125図, 127
　索引対象としての——　108, 109
図表リスト　110
スペース　→空白

せ

姓名　→人名
節のタイトル　110
セミコロン　94
　⇒追込み式：参照先‐複数の
潜在的読者　→未読者
前文　→序文

そ

相互参照　→参照
創作性　40
促音　77
組織名
　——の選定　115-116, 117
　——の略記　57, 93, 117

た

体系順配列　40, 155
　⇒分類
タイトル索引　38, 155
タイトル（索引の）　86, 103
タイトル（資料の）　→資料名
題目索引　→開放型索引
タウンページデータベース　40
高瀬桃子　34, 43注24
高橋憲行　122, 125図, 127
多義語　→限定詞
濁音　77

縦組みの本　85
ダブルポスティング　66-67, 155
　——の確認　141-142
　修飾語のついた語の——　49-50
　人名の——　54, 116-117
　組織名の——　117
　同義語の——　135, 136
　複合見出し語の——　49
　略語の読みの——　76
段組み　86
　——の決定　105
単行本　19, 155
段の所在指示　58
段またがりの索引項目　97-98
　——の決定　105
段落番号　58

ち

チェックリスト　146-150
地名　56
　——の選定　115-116, 117-118
　同名の——　56, 57
地名索引　38, 155
注
　——の所在指示　61, 97
　——の事例　126, 127
　索引対象としての——　108
長音　77
著作権　40-41
著作者　40-41
著者
　——の表現の尊重　34, 112-113
　索引作成者としての——　35-36, 133
　執筆者としての——　36-37, 102
著者名　108-109
著者名索引　38, 155
散らばった主題　6, 28

索引

つ

通称
　人名の―― 54, 116
　地名の―― 56

て

データベースの著作権 40
電話帳配列 80

と

統一性 137
同義語 118, 134-136, *155*
同形異義語
　――の区別 48-49
　――の配列 79
動詞 48, 140
　⇒修飾語のついた見出し語
頭字語 →略語
統制語 20表, 21, 24, *155*
倒置 49-50
堂々巡り参照 65-66, 141, *155*
同名 56, 57
　⇒限定詞
ドキュメント 19, *155*
読者
　――の索引の使い方 31-33
　――の想定 27, 33-34, 107-108, 134
　――の満足 115
特定的な語の選択 114
『図書館情報学用語辞典』 19
戸田光昭 39-40
トピックの把握 111-112
　⇒主題分析
飛び頁 59

な

内容索引 →閉鎖型索引
中黒 49, 95
　――の配列 77
永山幸男 31

に

二重鉤括弧 57, 95
「日経シソーラス」 21, 42注15
「日経新聞データベース」 21, 42注12
「日経テレコン」 21, 42注12
2倍ダーシ 53-54, 94, 138-139
　⇒副見出し語の表記
『日本国語大辞典』 18
日本索引家協会 36
日本書籍出版協会 41
『日本目録規則』 77

の

ノイズ 25, *155*
ノンブル →頁番号

は

ハイフン 94
　⇒所在指示（本の）の表記；副見出し語へ
　　の参照
配列 20, 20図, 29, 45-46, *156*
　⇒アルファベット順配列；五十音順配列；
　　数字順配列
　――の決定 104
　――の種類 75-76
　――の配置 75-76
　――の凡例 72, 75, 77
柱 86
発音符号 81
ハーバード大学出版局 43注22
『パラサイト』 36
半濁音 77
凡例 71-73, *156*
　――の記載位置 71, 86
　――の作成 144-145
　――のレイアウト 86

ひ

ビジネス書大賞 30
百科事典配列 77

167

索引

ピリオド　93
　　⇒外国人名
頻出　59

ふ

フォント
　　——の決定　104, 105
　　——の凡例　73
　　索引の——　86, 92
　　所在指示の——　58, 61-62
　　包括的参照の——　71
　　見出し文字の——　98-99
複合語　51-52
複合見出し語　49, *156*
　　——の記号　95
複数索引間の参照　55, 56, 63, 116
福永智子　106
副々見出し語　28, 46, 141, *156*
副見出し語　45-46, 45図, *156*
　　⇒主見出し語；見出し語
　　——と分類　52-53
　　——の一貫性　137
　　——の数　139
　　——の作成　50-53, 136, 137-139
　　——の作成事例　129-131
　　——の所在指示数　141
　　——の配列　53
　　——の表記　48, 53-54, 139-140
　　——の分割　141
　　——への参照　63, 65, 70
　　所在指示が同じ——　141
　　動詞の——　48, 140
藤田節子　120
付随的言及　26, 27, 114-115
　　⇒ノイズ
付録
　　——の頁番号の配列　83
　　索引対象としての——　108, 109-110
文献索引　→開放型索引

分類　52-53
　　⇒体系順配列

へ

閉鎖型索引　20-22, 20表, 42注9, *156*
頁順配列　5, 5図
頁数　106-107
頁の羅列　5, 6図
　　⇒所在指示（本の）の数；見出し語の分割
頁番号
　　⇒所在指示（本の）
　　——の省略　60
　　——の配列　61, 83
　　——の表記　58-60, 61-62
頁またがりの索引項目　97-98
　　——の決定　105
別名　116
編集者　4, 35, 102, 133
　　——の作業期間　103
編集著作物　40

ほ

補遺
　　——の頁番号の配列　61, 83
　　索引対象としての——　108, 109-110
包括的参照　70-71, 136, 142-143, *156*
補足説明　47, 55, 57
ボールド体　→ゴシック体
本の内容の把握　110-112
　　⇒主題分析
　　——の事例　121
翻訳書　3, 30-31
　　——のチェックリスト　150

ま

前書き　→序文
巻物　38
マーキング　113-114
　　——の事例　121-128
正宗敦夫　23

松井簡治　39, 43注32
マニトバ大学出版局（カナダ）　41
丸括弧　95
　⇒限定詞；補足説明
『万葉集総索引』　23

み

右寄せ（所在指示）　88-89
見出し　18
見出し語　20, 20図, 21, *156*
　⇒主見出し語；複合見出し語；副々見出し
　　語；副見出し語
　——の階層化　→　——の分割
　——の数　106-107
　——の種類　37
　——の省略　→主見出し語の省略
　——の初字　47
　——の選定　27, 107, 114-118
　　⇒読者の想定
　　——の事例　121-128
　——の倒置　49-50
　——の配列　75-76
　——の凡例　72
　——の表記　47-50
　　——の決定　104
　——の表現　34, 112-113
　——の分割　28, 46, 50-51, 73注1, 137-139
　——の読み　76
　　⇒五十音順配列
　アルファベットで始まる——　76
　アルファベットを含む——　76, 79
　同じ語が含まれる——　51-52
　索引作成者が作成する——　118
　修飾語のついた——　48, 49, 134
　章全体の——　114
　数字で始まる——　76, 82
　数字を含む——　79, 82-83
見出し文字　98-99
　——の決定　105

未読者　27, 33-34, 107-108
　——の索引利用　32-33

め

メイビンハウスプレス（アメリカ）　41

も

目次　*156*
　——と索引の違い　3, 22
　索引対象としての——　110
森鼻宗次　39

や

約物　→区切り記号
矢印　95
　⇒参照の表記
山﨑久道　30, 31
山田常雄　111
山本七平　44注34

よ

拗音　77
用語索引　→コンコーダンス
用語集　47
　索引対象としての——　110
用語の統一　36-37, 112-113
読みが同じ語の配列　77-78

り

略語
　——の凡例　73
　——の読み　76
　組織名の——　57, 117
利用者　→読者
料理本
　——の索引　5, 5図
　——の索引付与率　29-30

索引

れ

レイアウト　85-86
　　——の決定　103-105
　　索引項目の——　86-92
　　凡例の——　86
連続頁　59

ろ

ローマ数字の頁配列　61

わ

和文索引　37
　　——の配置　75
　　——の見出し文字　98-99
和文索引から欧文索引への参照　55-56, 63,
　　116

を

「を見よ」参照　45図, 46, 64-67, *156*
　　⇒参照
　　——の字下げと折り返し　89-92
　　——の選定　112-113, 118, 134-136
　　　　⇒読者の想定
　　——の注意点　65-66, 141
　　——の表記　62, 65
　　——の見出し語　64-65
　　——の役割　28-29, 64
　　外国人名の——　54, 55, 56, 116
　　組織名の——　117
　　副見出し語からの——　63, 65
　　副見出し語への——　63, 65
　　別の索引への——　55, 56, 63, 116
「をも見よ」参照　45図, 46, 68-71, *156*
　　⇒参照
　　——の記載位置　69-70
　　——の字下げと折り返し　89-92
　　——の選定　118
　　——の注意点　68-69, 142

「をも見よ」参照（つづき）
　　——の表記　62-64
　　——の見出し語　69
　　——の役割　68
　　片方向の——　68
　　双方向の——　68
　　副見出し語からの——　63, 70, 138
　　副見出し語への——　63, 70

ABC順

ALA（American Library Association）　19
『ALA図書館情報学辞典』　19
American Society for Indexing　36, 73注1,
　　106
&（and）　82
Bonura, Larry　73注1
Booth, Pat F.　73注1
Business Book Award　30
Carlson, Marsia　36
Chicago Manual of Style　29, 60, 73注1, 103,
　　106
concordance　→コンコーダンス
contents　→目次
Excel　105, 119
H.W.Wilson優秀索引賞　36
index　→索引（広義の）
ISO999 : 1996　26-29, 36, 73注1, 101
JIS漢字コード順　78
Knight, Norman　73注1
Maven House Press（アメリカ）　41
Mulvany, Nancy　73注1, 106
Parasites　36
passim　59
see 参照　→「を見よ」参照
see also 参照　→「をも見よ」参照
see also under　63
see under　63

SIST（Standards for Information of Science and Technology） 53, 73注2
『SIST13：1992 索引作成』 53, 62, 73注2, 75, 77, 101

table of contents →目次
「Web OYA-bunko」 21, 42注11
Wellisch, Hans 38
Word 105, 119, 128-131

【著者紹介】
藤田節子（ふじた・せつこ）
東洋大学社会学部応用社会学科図書館学専攻卒業。（財）造船
資料センター、（株）エレクトロニック・ライブラリー、川村
学園女子大学教授を経て、現在フリーランス・ライブラリアン、
八洲学園大学非常勤講師。著書に『情報整理・検索に活かすイ
ンデックスのテクニック』（共立出版）『図書館活用術』『引用・
参考文献の書き方』『データベース設計入門』『レポート作成法』
（日外アソシエーツ）『自分でできる情報探索』『キーワード検
索がわかる』（ちくま新書）。

本の索引の作り方

2019 年 10 月 28 日　初版第 1 刷
2021 年 5 月 10 日　初版第 2 刷
2025 年 3 月 31 日　初版第 3 刷

著　者　藤田節子
発行者　上條　宰
発行所　株式会社 **地人書館**
　　　　162-0835 東京都新宿区中町 15
　　　　電話 03-3235-4422　　FAX 03-3235-8984
　　　　振替口座 00160-6-1532
　　　　e-mail chijinshokan@nifty.com
　　　　URL http://www.chijinshokan.co.jp/
印刷・製本　モリモト印刷

text © 2019 Setsuko Fujita
index © 2019 Setsuko Fujita and Tomoko Harada
Printed in Japan.
ISBN978-4-8052-0932-5 C0000

JCOPY〈出版者著作権管理機構 委託出版物〉
本書の無断複製は、著作権法上での例外を除き禁じられていま
す。複製される場合は、そのつど事前に、出版者著作権管
理機構（電話 03-5244-5088、FAX 03-5244-5089、e-mail: info@
jcopy.or.jp）の許諾を得てください。

●好評既刊

外来魚のレシピ
捕って、さばいて、食ってみた

平坂寛 著
四六判／二二二頁／二二〇〇円

やれ駆除だ，グロテスクだのと，嫌われものの外来魚．しかしたいていの外来魚は食用目的で入ってきたもの．ならば，つかまえて食ってみよう！珍生物ハンター兼生物ライターの著者が，日本各地の外来魚を追い求め，捕ったらおろして，様々な調理法で試食する．人気サイト「デイリーポータルZ」の好評連載の単行本化．

深海魚のレシピ
釣って、拾って、食ってみた

平坂寛 著
四六判／一九二頁／二二〇〇円

深海魚は水族館で見るもの，手が届かないものか？ いやいや違う．スーパーで売られ，すでに貴方も食べている．東京湾で深海鮫が釣れる？ 海岸で深海魚が拾える？ 超美味だが5切れ以上食べると大変なことになる禁断の魚とは？ マグロの味そっくりな深海魚がいる？ 珍生物ハンター平坂寛の体当たりルポ第二作！

消えゆく砂浜を守る
―海岸防災をめぐる波との闘い

コーネリア・ディーン 著
林 裕美子・宮下 純・堀内宜子 訳
四六判／四五六頁／三九六〇円

海岸侵食が進み，世界各地で砂浜が消失の危機にある．本書は米国のジャーナリストが丁寧な取材のもとに，砂浜の消失や海岸侵食は護岸壁や突堤等の人工構造物に起因することを明らかにしていく．ハリケーン等の海岸災害との闘いの歴史から人間社会と海との共生を問い，砂浜保全の重要性と緊急性をいち早く訴えた名著．

ブルーカーボン
浅海におけるCO_2隔離・貯留とその活用

堀正和・桑江朝比呂 編著
A5判／二七六頁／三五一〇円

2009年，国連環境計画（UNEP）は，海草などの海洋生物の作用によって海中に取り込まれた炭素を「ブルーカーボン」と名づけた．陸上の森林などによって吸収・隔離される炭素「グリーンカーボン」の対語である．このブルーカーボンの定義，炭素動態，社会実装の実例，国際社会への展開までを報告した，国内初の解説書．

●ご注文は全国の書店，あるいは直接小社まで．価格は2025年2月現在（消費税率10%）のものです．

㈱地人書館 〒162-0835 東京都新宿区中町15　TEL 03-3235-4422　FAX 03-3235-8984
URL=http://www.chijinshokan.co.jp

●好評既刊

反ワクチン運動の真実
死に至る選択

ポール・オフィット 著／ナカイサヤカ 訳
四六判／三八四頁／三〇八〇円

人々を救うはずのワクチンが，1本のドキュメンタリー，1本の捏造論文をきっかけに，恐怖の対象となってしまった。アメリカで最も成功した市民運動の一つ反ワクチン運動の歴史と現実と，なぜワクチンを使うことが単なる個人の選択の自由ではなく，社会の構成員全員に関係する問題なのかをわかりやすく説明する。

代替医療の光と闇
魔法を信じるかい？

ポール・オフィット 著／ナカイサヤカ 訳
四六判／三六八頁／三〇八〇円

代替医療は存在しない，効く治療と効かない治療があるだけだ——代替医療大国アメリカにおいて，いかに代替医療が社会に受け入れられるようになり，それによって人々の健康が脅かされてきたか？　小児科医でありロタウィルスワクチンの開発者でもある著者が，政治・メディア，産業が一体となった社会問題として描き出す。

さらば健康食神話
フードファディズムの罠

アラン・レヴィノヴィッツ 著／ナカイサヤカ 訳
四六判／三八四頁／三三〇〇円

グルテンフリーダイエットや，砂糖や塩，脂肪，グルタミン酸ソーダの危険性など，食べ物について広く信じられている「ニセ科学」，それを「伝説」や「神話」とみなし，嘘を見抜き，だまされないための処方箋を提供する。食物不安の呪縛から解き放たれ，食を楽しもう，真に健康的な生活をしようと呼びかける。

鮭鱸鱈鮪　食べる魚の未来
最後に残った天然食料資源と養殖漁業への提言

ポール・グリーンバーグ 著／夏野徹也 訳
四六判／三五二頁／二六四〇円

魚はいつまで食べられるのだろうか……？　漁業資源枯渇の時代に到り，資源保護と養殖の現状を知るべく著者は世界を駆け回り，そこで巨大産業の破壊的漁獲と戦う人や，さまざまな工夫と努力を重ねた養殖家たちにインタビューを試みた。単なる禁漁と養殖だけが，持続可能な魚資源のための解決策ではないと著者は言う。

●ご注文は全国の書店，あるいは直接小社まで。価格は2025年2月現在（消費税率10%）のものです。

㈱地人書館　〒162-0835 東京都新宿区中町15　TEL 03-3235-4422　FAX 03-3235-8984
URL=http://www.chijinshokan.co.jp

●好評既刊

けものが街にやってくる
人口減少社会と野生動物がもたらす災害リスク

羽澄俊裕 著
四六判／二四八頁／二二〇〇円

農山村だけでなく街中にクマやサルやイノシシの出没が相次いでいる．山の中ではシカが急増し，捕獲しても減らない．本書は人身被害や農林水産被害，感染症の媒介などをもたらす獣害が重大な社会問題であると警告．この約半世紀の間に壊してしまった野生動物と対峙する現場を再構築し，早急に棲み分けるための空間づくりに着手すべきである．

野生動物の法獣医学
もの言わぬ死体の叫び

浅川満彦 著
四六判／二五六頁／二三一〇円

野生動物の死体は，法的には「生ごみ」である．しかし大量死には感染症や中毒死の可能性が示唆され，死にざまによっては動物虐待が疑われる．人獣共通感染症をはじめ，動物が関係する案件が増加している昨今，死因を解析することの重要性も増しており，獣医学においても，人間社会の法医学に相当する分野が必要となっている．

SDGsな野生動物のマネジメント
狩猟と鳥獣法の大転換

羽澄俊裕 著
A5判／二四〇頁／三五二〇円

野生動物は生物多様性保全の視点からは護られるべき存在だが，害獣でもある．人口減少が進む日本で，持続可能な社会を目指しながら，そんな相手とうまく向き合っていくにはどうしたらよいのか．野生動物をマネジメントする法律の柱である「鳥獣法」の問題点を整理したうえで，新しい猟区や保護区，被害を抑制する棲み分けについて提案する．

与えるサルと食べるシカ
つながりの生態学

辻 大和 著
四六判／二三六頁／二七五〇円

無関係に暮らしていると考えられてきた樹上で暮らすサルと地上のシカは食べものを通じてつながり，シカにとってサルは栄養状態の悪い時期に食べものを提供する存在だった．「サルを中心とする生態学」という新分野を確立した著者の20年の研究成果を中心に，フィールド研究の臨場感とともにニホンザル研究の新知見を伝える．

●ご注文は全国の書店，あるいは直接小社まで．価格は2025年2月現在（消費税率10%）のものです．

㈱地人書館　〒162-0835 東京都新宿区中町15　TEL 03-3235-4422　FAX 03-3235-8984
URL=http://www.chijinshokan.co.jp